★ 초등학생부터 시작하는 **한국사 능력 검정 시험**

📢 하루 한 장으로 초등 한국사 완전정복

화살코 서경석 쌤의
콕콕 한국사 일력 365

서경석 지음 | 방정혁 그림 | 김재원 감수

- 판소리와 탈놀이 [셔터스톡]
- 김홍도의 서당, 신윤복의 월하정인, 대동여지도, 호작도 [국립중앙박물관]
- 영조, 규장각 현판 [국립고궁박물관]

9월
- 운요호, 갑신정변 주역들, 한성순보, 독립신문, 독립협회 회원 [한국학중앙연구원]
- 고종 [국립중앙박물관]
- 의궤(영조왕세제책례반차도권) [국립고궁박물관]
- 남해 척화비 [한국관광공사]

10월
- 광무개혁, 시일야방성대곡, 헤이그특사, 조선총독부, 경성 제국 대학, 대한민국 임시 정부, 물산 장려 운동 [한국학중앙연구원]
- 지계 [국립민속박물관]

11월
- 조선어학회 사건, 조선 혁명 선언, 브나로드 운동 [한국학중앙연구원]
- 윤봉길 의사 [국가유산청 국가문화유산포털]

12월
- 여운형, 이승만, 1·4 후퇴, 4·19 혁명 [한국학중앙연구원]
- 국제연합, 9차 개헌 [셔터스톡]
- 5·16 군사 정변, 12·12 군사 반란 [Wikimedia Commons]

- 사진 출처의 자세한 [사이트명(사이트 상세 URL)]은 알라딘북스 홈페이지 www.aladinbook.co.kr 자료실에서 확인하실 수 있습니다.

하루 한 장으로 초등 한국사 완전정복
화살코 서경석 쌤의
콕콕 한국사 일력 365

ⓒ 2025 서경석

초판 1쇄 펴낸날 2025년 11월 10일
초판 2쇄 펴낸날 2025년 11월 30일

지은이 서경석 (감수 | 김재원)
그린이 방정혁
펴낸이 양승윤

펴낸곳 (주)와이엘씨
출판등록 1987. 12. 8. 제1987-000005호
주소 서울특별시 강남구 강남대로 354 혜천빌딩 15층
전화 02-555-3200
팩스 02-552-0436
홈페이지 www.aladinbook.co.kr

ISBN 978-89-8401-395-7 73910
값 24,000원

*알라딘 북스는 (주)와이엘씨의 어린이 책 출판 브랜드입니다.

공통안전기준
표시사항

① 품명 : 화살코 서경석 쌤의 콕콕 한국사 일력 365
② 제조자명 : 알라딘북스
③ 주소 : 서울시 강남구 강남대로 354
④ 연락처 : 02-555-3200
⑤ 제조년월 : 2025년 11월
⑥ 제조국 : 대한민국
⑦ 사용연령 : 7세 이상
⑧ 취급상 주의사항
 • 종이에 베이지 않도록 하세요.
 • 책의 모서리가 날카로우니 던지거나 떨어뜨려 다치지 않도록 주의하세요.
⑨ KC마크는 이 제품이 공통안전기준에 적합하였음을 의미합니다.

사진 자료 출처

1월
- 부산 동삼동 출토 유물, 반달 돌칼, 비파형 동검, 세형 동검, 빗살무늬 토기 [한국학중앙연구원]
- 고인돌 [셔터스톡]
- 삼국유사 [국립중앙박물관]
- 주먹도끼, 움집 [ⓒHARIM]

2월
- 칠지도 [한국학중앙연구원]
- 익산 미륵사지 석탑, 진흥왕 순수비 [국가유산청 국가문화유산포털]

3월
- 김유신 묘, 금동 연가 7년명 여래 입상, 서산 용현리 마애 여래 삼존상, 정림사지 5층 석탑, 백제 금동 대향로, 첨성대, 천마도, 충주 고구려비 [국가유산청 국가문화유산포털]
- 사신도, 호우총 출토 '광개토 대왕'명 호우 [한국학중앙연구원]
- 금동 미륵보살 반가 사유상 [국립중앙박물관]

4월
- 무구 정광 대다라니경 [한국학중앙연구원]
- 감은사, 불국사, 석굴암, 성덕대왕 신종 [국가유산청 국가문화유산포털]
- 불국사 3층 석탑 [셔터스톡]

5월
- 거란의 침입 상황도, 직지심체요절, 고려청자 [한국학중앙연구원]
- 팔만대장경 [셔터스톡]
- 삼국사기, 경천사 10층 석탑 [국립중앙박물관]
- 귀주대첩 [전쟁기념관]

6월
- 칠정산, 앙부일구 [한국학중앙연구원]
- 세종 대왕 [셔터스톡]
- 향약집성방 [국립중앙박물관]
- 이성계, 삼강행실도, 자격루 [국가유산청 국가문화유산포털]
- 경복궁, 종묘 [세종학당재단]

7월
- 초충도, 임진왜란 전황도, 학익진도 [한국학중앙연구원]

8월
- 정조, 수원 화성 [국가유산청 국가문화유산포털]

저자 소개

저자 서경석

서울대학교 불어불문과, 중앙대학교 신문방송대학원을 졸업했습니다. 2015년 한국사이버외국어대학교 한국어학부를 졸업, 한국어 교원2급 자격을 취득했어요. 방송인 최초로 <한국사 능력 검정 시험> 만점을 기록했으며, 유튜브 채널 「그래서경석」에 재치있는 스토리텔링과 유머 넘치는 한국사 강의 영상을 올리고 있어요.
현재 다양한 기관에서 한국사 특강을 강의하는 서경석 선생님은 어린이 여러분과 재미있는 한국사 여행을 떠나는 마음으로 이 책을 썼다고 해요.
그동안 지은 책으로, 『서경석의 한국사 한 권』, 『서경석의 병영일기』, 『스물아홉 마흔둘』, 『이것이 진짜 공부다』(공저) 등이 있어요.

그림 방정혁

시각디자인을 전공하고 출판사와 방송국을 거쳐 현재 프리랜서 일러스트레이터로 활동 중입니다. 그동안 그린 책으로, 『너, 이거 알아』, 『생각동화』, 『요술사과』, 『만화 탈무드』, 『원리과학』 등이 있어요.
maiway@naver.com

감수 김재원

가톨릭대학교 국사학과를 졸업하고, 고려대학교에서 한국사 전공으로 석사와 박사를 수료했습니다. 현재 가톨릭대학교 국사학과 겸임교수, 서울시립대학교 국사학과 강사 등을 맡고 있어요. 대표 저서로는 『울게 되는 한국사』, 『세상에서 가장 짧은 한국사』, 『꿰뚫는 한국사』(공저) 등이 있어요.

12월 31일 체크

88 올림픽과 2002 한일 월드컵

대한민국 스포츠 역사상 가장 크게 치러진 두 대회예요. 88 올림픽은 1988년 9월 17일부터 10월 2일까지 서울에서 개최된 제24회 올림픽 경기 대회예요. 2002 한일 월드컵은 2002년 5월 31일부터 6월 30일까지 한국과 일본에서 공동 개최되었던 월드컵 대회예요.

종합 4위의 성적을 거둔 88 올림픽은 한국의 문화와 전통을 전세계에 알리는 계기가 되었고, 2002년 한일 월드컵에서 한국은 역사상 처음 16강 본선 진출을 했을 뿐아니라 4강까지 진출하는 최고의 성적을 기록했지요.

현대사에서는 큰 행사나 사건이 어느 정부 때 치러졌는지를 잘 알아 두어야 해요. 88 올림픽은 노태우 정부 때이고, 4강 신화를 이룬 2002 한일 월드컵은 김대중 정부 때입니다.

노벨 평화상을 받은 우리나라 사람은?

정답: 김대중 대통령

 **들어가는 말**

한국사는 말 그대로 우리의 이야기예요. 그래서 어릴 때부터 관심도 많았고, 열심히 공부도 했다고 생각했어요. 그런데 시간이 지나면서 예전에 알았던 것들이 점점 흐릿해지고, 또 잘못 알고 있었던 내용이나 아예 몰랐던 사실들이 참 많다는 걸 알게 됐어요. 조금 당황스럽기도 했지만, 그때 이렇게 생각했죠.
"역사는 처음부터 정확하게 알고, 오래 기억할 수 있도록 배우는 게 정말 중요하구나!"
그래서 이 한국사 일력을 만들게 되었어요. 초등학생들이 꼭 알아야 할 역사 이야기들을 먼저 골랐고, 그중에서도 나중에 한국사 시험에 나올 수 있는 중요한 어휘들을 중심으로 다시 정리했어요.
역사는 어렵고 복잡하다는 생각 때문에 시작도 못 한 친구들, 또 역사 이야기가 나오면 괜히 부담스럽고 숨고 싶었던 친구들이 이 책을 통해 조금씩 역사와 친해지길 바라는 마음으로 만들었어요. 매일 한 쪽씩, 가볍게 읽다 보면 어느 새 머릿속에 콕콕 역사 상식이 들어와 있을 거예요.
우리 함께, 재미있는 한국사 여행을 떠나 볼까요?

서경석 드림

 **추천하는 말**

이 책은 교과서 핵심 어휘를 어린이 말로 풀고, 사건과 사건 사이를 '콕콕' 연결해 주는 재미있는 역사책입니다. 초등 한국사를 처음 시작하거나 개념을 다시 다지고 싶은 어린이, 혹은 자녀와 함께 한국사를 복습하고 싶은 부모님들에게 특히 추천합니다.

김재원 드림

남북 정상 회담

정상 회담은 두 나라 이상의 최고 통치자가 모여 하는 회담을 말하는데, 남북 정상 회담은 남한과 북한의 최고 정치 지도자가 만나서 개최한 회담이에요.

최초의 남북 정상 회담은 김대중-김정일, 두 번째는 노무현-김정일, 세 번째는 문재인-김정은입니다. 특히 최초로 남북 정상 회담을 개최한 김대중 대통령은 노벨 평화상을 수상하기도 했지요.

노벨 평화상 매년 세계에서 인류 평화에 가장 공헌을 남긴 사람이나 단체를 정하여 주는 상이에요.

금융실명제는 어느 정부 때 처음 도입되었나요?

정답: 김영삼 정부

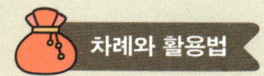 차례와 활용법

이렇게 구성했어요

1월	선사 시대와 삼국의 성립	**7월**	조선 전기 ❷
2월	삼국 시대 ❶	**8월**	조선 후기 ❶
3월	삼국 시대 ❷	**9월**	조선 후기 ❷
4월	통일 신라와 발해	**10월**	대한 제국과 일제 강점기
5월	고려	**11월**	일제 강점기 광복을 위한 노력
6월	조선 전기 ❶	**12월**	대한민국

이렇게 활용하세요

 초등 한국사 교과서를 충분히 이해할 수 있도록 교과서에 나오는 중요 어휘를 뽑아 서경석 선생님이 설명해 줍니다.

 중요 어휘를 보충 설명해 주고, 서경석 선생님이 족집게로 콕 집어 한국사 시험에 주로 나오는 부분을 알려 줍니다.

 어휘력이 쑥쑥 자라고, 초등 한국사 교과서를 잘 이해할 수 있도록 추가로 뽑은 어휘를 설명해 줍니다.

 한국사 시험에 자주 나오는 부분을 콕콕 집어 알려 주고, 재미있는 암기법으로 잘 외울 수 있도록 도와줍니다.
* 어휘 쑥쑥과 콕콕 암기는 번갈아 나옵니다!

 초등 한국사 교과서부터 한국사 능력 검정 시험까지 꾸준히 나오는 내용을 퀴즈로 만들어 복습할 수 있게 도와줍니다.

금융실명제

금융 거래를 할 때 가명이나 남의 이름이 아닌 자기 이름만 쓰도록 한 제도로 1993년 실시되었어요. 금융 거래를 할 때 돈이 어디에서 나왔고, 어디로 이동되는지 등을 알 수 있게 되어 부정부패 방지에 도움이 되었다고 해요. 또, 국민들의 소득도 정확히 알게 되어 세금을 거두는 일이 편리해졌어요.

1993년 전에는 제 통장을 '서경석'이 아닌 '족집게'라는 이름으로도 만들 수 있었어요. 그런데 금융실명제 도입 후부터는 그것이 불가능해졌답니다. 금융실명제는 1993년, 즉 김영삼 정부 때 실시되었다는 사실을 꼭 기억하세요.

ㄱㅇㅅ으로 기억하세요! 금융실(ㄱㅇㅅ)명제-김영삼(ㄱㅇㅅ)정부

5년 단임의 대통령 직선제를 법으로 정한 것은 몇 차 개헌인가요?

선사 시대와 삼국의 성립

9차 개헌

대한민국은 정부 수립 이후 총 아홉 번 헌법을 바꿨어요. 그러니까 9차 개헌 이후에는 법을 바꾸지 않고 이어져 오고 있는 것이지요. 9차 개헌의 가장 중요한 내용이 바로 어제 배운 대통령 직선제로, 5년 단임의 대통령을 국민이 직접 뽑는 것이지요.

노태우의 6·29 민주화 선언 이후인, 1987년 10월에 9차 개헌을 합니다. 9차 개헌 이후 법이 바뀌지 않고 지금까지 유지되는 것 기억하세요.

단임 원래 정해진 임기를 마친 후에 다시 그 직위에 임용하지 않는 것을 말해요.

1987년에 일어난 민주화 운동으로 대통령 직선제 개헌을 이끌어 낸 것은?

정답: 9월 민주 항쟁

선사 시대

문자를 사용하기 전, 다시 말해 역사를 기록하기 전의 시기를 뜻해요. 구석기 시대, 신석기 시대, 청동기 시대, 철기 시대로 구분합니다. 문자로 기록을 남긴 시대는 역사 시대라고 하지요.

> 서쌤과 함께 선사 시대 여행 떠나 볼까요?

선사 시대를 시기별로 구분할 줄 알아야 해요. 그리고 시간 순서도 잘 알아 두어야 합니다!

역사 예전에 일어났던 사건이나 인물에 대해 기록한 것으로, 인류 사회가 변화해 온 과정을 말해요.

선사 시대 중 신석기 시대 다음, 철기 시대 이전의 시기는?

정답: 청동기 시대

6월 민주 항쟁

4·19 혁명, 5·18 민주화 운동 이후에 일어난 큰 민주화 운동 중의 하나예요. 1980년대 중반 야당 정치인과 시민, 학생들은 대통령 직선제를 요구했어요. 그런데 전두환 대통령이 이전 헌법대로 대통령을 뽑겠다며 호헌을 선언했어요. 이에 반발한 각계각층에서는 호헌에 반대하는 성명을 내고 곳곳에서 시위가 벌어졌어요. 그러다 1987년 6월 10일 전국 곳곳에서 호헌을 폐지하라는 시위가 시작되었고, 학생뿐 아니라 일반 시민들도 참가해 국민 저항 운동으로 발전했어요.

6월 민주 항쟁의 결과로, 당시 정권을 잡고 있던 여당의 총재였던 노태우가 대통령 직접 선거를 약속하는 6·29 민주화 선언을 한다는 사실이 중요해요. 6·29 선언 이후, 실제로 대통령 선거 방식이 간접 선거에서 직접 선거로 바뀌었어요.

직선제 직접 선거 제도의 줄임말로, 국민이 직접 선거를 통하여 대표를 선출하는 제도예요.

12·12 군사 반란으로 정권을 장악한 전두환 신군부의 군사 독재와 계엄령에 항거하여 일어난 대규모 민주화 운동은?

정답: 5·18 광주 민주화 운동

1월 02일 체크 ✓

구석기 시대

한국사에서 선사 시대 중 제일 먼저 나오는 시기예요. 이 시대에는 돌을 떼어 만든 뗀석기를 사용해 동물을 사냥하거나 나무의 열매를 따 먹으며 이동 생활을 했어요. 그래서 제대로 지은 집이 아닌 동굴이나 막집에서 잠을 잤답니다.

서쌤의 족집게 이동 생활과 뗀석기 사용, 동굴이나 막집에 살았음. 이 세 가지는 구석기 시대에서 꼭 기억해 두어야 합니다.

어휘 쑥쑥 **막집** 간단하게 지은 집으로, 역사적으로는 구석기 시대에 나뭇가지와 가죽 등을 이용해 만든 집을 가리켜요.

한능검 퀴즈 문자로 기록을 남기기 전 시대는 무슨 시대라 하나요?

정답: 선사 시대

12월 26일 체크

5·18 광주 민주화 운동

12·12 군사 반란으로 정권을 장악한 전두환 신군부에 항거하여 1980년 5월 18일 광주 시민들이 일으킨 대규모 민주화 운동이에요. 신군부의 군사 독재와 계엄령을 반대하고 민주화를 요구했지요.

이 민주화 운동의 진압을 위해 투입된 계엄군에게 시민군은 항거했고, 그 과정에서 많은 광주 시민들이 희생되었어요. 5·18 광주 민주화 운동의 기록물은 유네스코 세계 기록유산으로 등재되었어요.

계엄과 계엄군 계엄은 국가의 비상사태가 일어났을 때, 전국 또는 일부 지역을 병력으로 경계하며, 그 지역의 사법권, 행정권의 전부 또는 일부를 계엄사령관이 행사하는 일이에요. 계엄군은 계엄의 임무를 맡은 군대이지요.

1979년 12월 12일, 대통령 승인 없이 육군 참모 총장을 체포하고 권력을 장악한 전두환, 노태우 등을 박정희 군부와 비교해서 무엇이라 부르나요?

정답: 신군부

1월 03일 체크

주먹도끼와 찍개

구석기 시대의 대표적 유물이에요. 주먹도끼의 한쪽은 손으로 잡아 쥘 수 있고, 다른 쪽은 날카로워서 물건을 자르거나 땅을 팔 수 있어요. 찍개는 작고 둥근 돌의 한쪽을 깨뜨려 날을 만들고 반대쪽은 그대로 두어 손잡이로 삼았어요. 이외에도 슴베찌르개, 자르개, 긁개 등이 있어요.

▲ 주먹도끼

구석기 시대 대표 유적지는 경기도 연천군 전곡리와 충남 공주 석장리에 있답니다.

주먹도끼를 제외하면 '~개'로 끝나는 도구들이 대부분 구석기 시대 유물이랍니다. '**구~개**' '**구~개**'로 외우세요!

선사 시대 중 이동 생활을 하고 뗀석기를 사용한 시대는?

정답: 구석기 시대

12월 25일 체크 ✓

12·12 군사 반란

1979년 10·26 사태로 박정희 대통령이 세상을 떠난 뒤 최규하 대통령이 이끄는 정부가 세워졌어요. 그런데 그 해 12월 12일에 전두환, 노태우 등의 신군부가 최규하 대통령의 승인 없이 정승화 육군 참모 총장을 체포하고 권력을 장악한 사건이에요.

서쌤의 족집게 5·16 군사 정변으로 권력을 장악한 박정희 소장을 군부, 12·12 군사 반란으로 등장한 전두환 소장을 신군부로 구분한다는 것을 알아 두세요.

어휘 쑥쑥 **신군부** 새로이 군권을 장악한 세력을 말하는데, 우리나라에서는 5·16 군사 정변 때의 박정희 군부와 비교해서 신군부라 해요.

한능검 퀴즈 경제 개발 5개년 계획은 어느 정부 때 처음 실시되었나요?

정답: 박정희 정부

신석기 시대

구석기 시대 다음, 청동기 시대 전의 시기예요. 이 시대에는 밭을 만들어 농사를 짓고, 가축도 길렀기 때문에 움집을 지어 정착 생활을 했어요. 그리고 동물의 가죽을 벗겨 걸치고 다녔던 구석기와 달리 옷을 만들어 입었고, 간석기를 사용했어요. 정말 많이 발전했지요?

간석기를 사용하며 옷을 만들어 입고, 움집에서 정착 생활을 한 것은 신석기 시대의 아주 중요한 특징이랍니다.

간석기 돌을 갈고 다듬어 만든 도구로 뗀석기에서 조금 더 발전한 도구예요.

주먹도끼는 선사 시대 중 어느 시기의 도구일까요?

정답: 구석기 시대

경제 개발 5개년 계획

박정희 정부 때 처음 시작되었던 대한민국 경제 발전을 위한 계획을 말해요. 1960년대부터 시작해 총 4차에 걸쳐 진행된 이 계획으로 우리나라 경제는 빠르게 성장할 수 있었어요. 하지만 빈부 격차가 확대되고, 도시와 농촌 사이에 경제 발전이나 사회 환경에서 차이가 벌어지는 부작용도 생겼지요.

박정희 정부의 특징 중 하나가 경제 개발에 집중했다는 것이에요. 1960년대에 1, 2차를, 1970년대에 3, 4차를, 총 네 번의 경제 개발 계획을 실시했어요.

네 번의 경제 개발 계획이 **박정희 정부 때** 실시되었다는 것을 꼭 기억하세요.

1972년 박정희 대통령이 만든 법으로, 대통령의 국회의원 1/3 추천권, 국회 해산권, 긴급 조치권 등을 포함하고 있는 법은?

정답: 유신 헌법

1월 05일 체크

신석기 혁명

어제 얘기했듯이 신석기 시대에는 인류 최초로 농사(밭농사)를 시작하고 가축을 기르는 생산활동을 했기 때문에 '신석기 혁명'이라고 부른답니다. 게다가 가락바퀴를 이용해 실을 뽑고, 뼈바늘로 옷도 만들었어요. 동물 가죽을 걸치거나 나뭇잎으로 중요한 부위만 가리고 살던 사람들이 옷을 입게 되었으니 놀라운 변화이지요!

이전에는 짐승을 잡거나 식물을 찾아 먹는 수렵과 채집의 경제였어요. 그런데 신석기 시대에는 농사를 짓고 가축을 기르는 생산 경제에 들어서게 됐어요. 정말 혁명이 일어났다고 할 만하지요.

가락바퀴 실을 만들 때 사용했던 도구예요. 둥근 몸체 중앙에 구멍이 뚫려 있는데, 이 구멍에 막대처럼 생긴 가락을 끼웁니다. 실의 원료를 막대에 이은 뒤 돌리면, 꼬임이 생기면서 실이 만들어져요.

신석기 사람들이 사용한 석기로 뗀석기에서 변화한 형태는?

정답: 간석기

유신 헌법

1972년 박정희 대통령이 만든 법으로, 평화 통일과 민주주의, 경제적인 평등 실현의 내용을 담았다고 해요. 하지만 사실은 박정희 대통령의 장기 집권을 위한 법으로, 대통령의 국회의원 1/3 추천권, 국회 해산권, 긴급 조치권 등을 포함하고 있어서 대통령의 권한은 강해지고 국민의 기본권은 제한되는 법이었어요.

박정희 대통령은 약 1961년부터 1980년까지 약 20년간 정권을 잡았어요. 그러자 장기 집권과 유신 체제에 대한 반발이 생겨났고, 결국 박정희 대통령은 1979년 10월 26일 김재규의 총을 맞고 세상을 떠납니다.

긴급 조치권 국민의 기본권을 정지시킬 수 있는 권리예요.

이승만 정부와 박정희 정부 사이에 있었던 대한민국 정부는?

정답: 장면 정부

1월 06일 체크 ✓

움집

신석기 시대와 청동기 시대 사람들이 살았던 집이에요. 원형이나 사각형으로 땅을 파고 둘레에 기둥을 세운 후 짚을 엮어서 덮어 만들었어요. 구석기 시대에는 주로 동굴이나 막집에서 살았지만 신석기 시대 농사가 시작된 이후로는 움집을 짓고 정착 생활을 했지요.

지금까지 발견된 움집은 바다나 큰 강을 끼고 있는 땅 외에 육지의 넓고 평평한 땅에서도 발견되었어요.

정착 생활 일정한 곳에 자리 잡고 머물러 사는 생활을 말해요.

수렵과 채집 생활을 이어 오다가 농경과 목축 등의 생산 경제 활동을 하기 시작한 것을 무엇이라 할까요?

정답: 신석기 혁명

5·16 군사 정변

1961년 5월 16일, 박정희 소장과 육군 장교들이 일으킨 군사 정변이에요. 5.16 군사 정변으로 이승만 정부 다음 정부였던 장면 정부가 무너지고 군정이 시작됩니다. 군정은 군부 세력이 국가의 실권을 장악하고 행하는 정치예요.

정변은 쿠데타 등의 비합법적 수단으로 생긴 정치상의 큰 변동이지요. 박정희 소장은 장면 정부를 무너뜨리고 대통령에 오릅니다.

5·16 군사 정변이 일어난 1961년을 외우는 방법 알려 줄게요. 토마토, 기중기처럼 앞으로 해도 뒤로 해도 똑같은 단어를 생각하며 기억해 보세요. 1961. 5. 16.

이승만 대통령 하야, 3·15 부정 선거, 4·19 혁명을 일어난 순서대로 배열하세요.

정답: 3·15 부정 선거-4·19 혁명-이승만 대통령 하야

빗살무늬 토기

음식을 저장했던 그릇으로, 정말 중요한 신석기 시대 유물이에요. 신석기 시대에 최초로 농사를 시작했으니 수확한 곡식으로 음식을 만들어 먹었겠죠? 그 음식을 저장했던 그릇이 바로 빗살무늬 토기예요. 끝이 뾰족한 토기가 특징이지만, 아래쪽이 납작한 토기도 있었어요.

우리 친구들, 토기 아래쪽이 뾰족한데 바닥에 어떻게 세웠을까 궁금하지요? 모래나 물기 가득한 흙바닥에 꽂아서 사용했기 때문에 전혀 문제가 없었다고 해요.

유물 유적지에서 발견된 물건을 말해요.

원형이나 사각형으로 땅을 파고 둘레에 기둥을 세운 후 짚을 엮어서 덮어 만든 집은 무엇인가요?

정답 : 움집

12월 21일 체크 ✓

4·19 혁명

이승만은 3대에 이어 4대 대통령까지 하려 했어요. 그러자 국민들의 불만이 높아졌지요. 게다가 3·15 부정 선거까지 벌어지자 1960년 4월 19일에 전국의 학생과 시민들이 일제히 거리로 나와서 시위를 벌였어요. 결국 이승만 대통령은 하야하게 되었지요.

어제 배운 3·15 부정 선거 때문에 4·19 혁명이 일어나고, 그로 인해 이승만 대통령이 하야하게 되는 사건의 순서와 내용을 잘 기억해 두세요.

하야 시골로 내려간다는 뜻으로, 관직이나 정계에서 물러나는 것이에요.

4·19 혁명의 원인이 된 사건은?

정답: 3·15 부정 선거

1월 08일 체크

부산 동삼동과 서울 암사동 유적지

신석기 시대의 대표적인 유적지인, 부산 동삼동 유적지에서는 패총(조개더미)이 많이 나왔어요. 서울 암사동 유적지는 마을 형태를 고스란히 유지하고 있는 데다 많은 유물이 나와 당시 생활 모습을 잘 알 수 있어요.

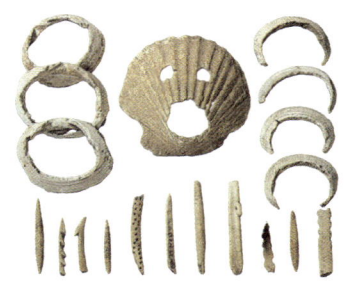

서쌤의 족집게: 한국사 시험에 정말 자주 나오는 신석기 시대 총정리 한번 해 볼게요! 신석기 시대는 농경과 목축의 시작, 부산 동삼동과 서울 암사동 유적지, 가락바퀴와 뼈바늘, 빗살무늬 토기가 중요해요.

콕콕 암기: 친구들, 농심 신라면 많이 먹죠? 신석기 시대는, **농**경과 목축의 시작, 동**삼**동·암사동 유적지, **신**석기 시대, 가**라**악(락)바퀴와 뼈바늘, **빗**살무늬 토기의 글자를 따서, **농삼 신라빗**으로 기억해 주세요.

한능검 퀴즈: 신석기 시대의 대표적 토기는?

정답: 빗살무늬 토기

3·15 부정 선거

1960년 3월 15일에 치러진 대통령, 부통령 선거에서 부정이 일어난 사건이에요. 이승만 대통령이 속한 자유당에서는 부통령 후보 이기붕을 당선시키기 위해 여러 가지 부정적 방법을 동원했어요. 예를 들면, 선거권이 있는 사람이 100명인 지역에서 이기붕 후보에게 투표한 사람이 115명 나오는 어이없는 일이 발생한 것이죠.

3·15 부정 선거 때문에 4·19 혁명이 일어나고 이승만 대통령이 물러나게 되는 사실이 매우 중요합니다.

부통령 대통령 중심제 국가에서 대통령 다음가는 직위를 말해요. 현재 우리나라엔 없어요.

남북 이산가족이 최초로 상봉한 것은 어느 정부 때인가요?

정답: 전두환 정부

1월 09일 체크

청동기 시대

신석기 시대 다음 시기로, 청동으로 만든 도구와 무기를 사용했어요. 한반도에서는 이 시대에 벼농사가 본격적으로 시작됐어요. 벼는 수확량이 많아서 먹고 남는 경우가 많았는데, 남은 농산물을 빼앗기 위한 전쟁이 자연스레 일어났어요. 이때 싸워서 이긴 사람들은 다른 사람을 지배하게 되었고, 진 사람들은 지배자에게 복종하는 사회가 만들어졌지요. 바로, 계급이 발생한 거예요.

청동기 시대에 벼농사가 본격적으로 시작되었고 계급이 출현했다는 것은 정말 정말 중요해요! 밭농사 시작은 언제인지 알죠? 네, 맞아요, 신석기 시대! 꼭 구분해서 알아 두세요.

청동 청동은 구리에 주석이 10% 이상 섞인 합금으로, 인류 역사상 처음 본격적인 도구 재료로 이용했던 금속이에요.

가락바퀴와 뼈바늘을 통해 알 수 있는 신석기 시대의 생활 모습은?

정답: 옷과 그물을 만들어 입었음

이산가족

이산가족은 이리저리 흩어져서 서로 소식을 모르는 가족을 말하는데, 우리나라는 특히 남북 분단과 6·25 전쟁으로 이산가족이 많이 생겼어요. 6·25 전쟁 때 북에서 남으로 피난 온 사람들은 곧 다시 만날 것이라 생각했지만 수십 년 동안 만나지 못하게 되면서 큰 상처가 되었지요.

우리나라에서 최초로 이산가족이 서로 만날 수 있도록 시도한 때가 언제인지를 잘 알아 두어야 해요. 바로 1985년 전두환 정부 때 남북 이산가족이 최초로 상봉합니다.

상봉은 서로 만나는 거예요. 이산가족은 언제 만나야 할까요? **바로** 만나야죠. **바로**는 **85**와 비슷하네요. **1985년** 전두환 정부, 기억하세요!

인천 상륙 작전을 성공시킨 UN군 총사령관은?

정답: 맥아더

1월 10일 체크

반달 돌칼

납작한 반달 모양의 돌에 두 개의 구멍이 뚫려 있어요. 그 구멍에 실을 꿰어 손을 넣은 후 칼처럼 사용하여 벼를 베거나 낟알을 수확했어요. 청동기 시대의 대표적 유물이에요.

 반달 돌칼은 벼를 베는 데 사용했던 도구이기 때문에, 청동기 시대에 벼농사가 본격적으로 시작되었음을 증명하는 유물이기도 합니다. 정말 중요하겠지요!

 **낟알** 껍질을 벗기지 않은 곡식의 알을 말해요.

 한반도에서 본격적으로 벼농사가 시작된 시기는?

정답: 청동기 시대

휴전선

6·25 전쟁이 정전되면서 설정된 군사 분계선이에요. 휴전선은 경기도 파주시 임진강 하구부터 강원도 고성군 동해안까지 이어지며 한반도를 가로지르게 되었어요.

휴전선과 38선은 조금 의미가 다릅니다. 38선은 1945년 8월 15일 해방 이후 소련과 미국의 군정이 시작되면서 생긴 선이고, 휴전선은 6·25 전쟁의 정전 협정 이후 생긴 군사 분계선을 말해요.

군사 분계선 전쟁 중인 쌍방의 협정에 따라 설정한 군사 활동의 한계선이에요.

6·25 전쟁 중, 북진하던 남한군이 중국군의 개입으로 다시 밀려 내려와 서울을 다시 빼앗기고 물러난 사건은?

정답: 1·4 후퇴

1월 11일 체크

고인돌

한반도에서 많이 보이는 청동기 시대 무덤의 한 종류입니다. 지상에 드러나 있는 덮개돌 밑에 받침돌을 고인 형태가 일반적이지요.

서쌤의 콕집게 고인돌을 보면 정말 웅장하지요? 보통 사람의 무덤이었을까요? 아닙니다. 계급이 높은 지배자의 무덤이 바로 고인돌이에요. 따라서 고인돌을 통해 청동기 시대에 계급이 출현했음을 알 수 있어요.

어휘 쑥쑥 **한반도** 반도는 삼면이 바다이고 한 면은 육지에 이어진 땅을 말해요. 한반도는 아시아 대륙 동북쪽 끝에 있는 반도인, 우리나라를 뜻해요.

한능검 퀴즈 반달 돌칼은 무엇을 할 때 사용되었나요?

정답: 곡식 수확 때

12월 17일 체크 ✓

한국전 정전 협정

1950년 6월 25일 발생한 한국 전쟁의 중단을 위해 1953년 7월 27일 체결된 협정이에요. 6·25 전쟁의 정지와 평화적 해결이 이루어질 때까지 한국에서의 적대 행위와 모든 무장 행동의 완전한 정지를 하자는 내용이었다고 해요.

한국 전쟁(6·25전쟁)이 1950년 6월 25일에 시작되어서, 1953년 7월 27일 정전 협정이 체결될 때까지 3년 넘게 지속되었다는 사실을 기억하세요.

적대 행위 상대를 적으로 여기고 맞서 겨루는 행위예요.

1·4 후퇴, 인천 상륙 작전, 한국전 정전 협정 체결을 일어난 순서대로 배열하세요.

정답: 인천 상륙 작전-1·4 후퇴-정전 협정 체결

1월 12일 체크

비파형 동검

청동기 시대의 대표적인 동검이에요. 비파는 몸체가 둥글고 긴 타원형인 동양 현악기인데, 검의 모양이 이 비파를 닮아서 비파형 동검이라고 이름 붙였어요.

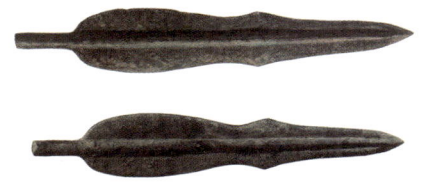

서쌤의 족집게
청동기 시대는 신석기 시대만큼 중요한 시기이니 총정리해 볼게요. 벼농사 시작, 반달 돌칼과 비파형 동검 사용, 계급 출현, 고인돌, 이 5가지는 청동기 시대에서 꼭 알아 두어야 해요!

콕콕 암기
우리 친구들, 청계천에 가서 비빔밥 먹으면 맛있겠죠? **청계고(go)비벼반**(**청**동기 시대, **계**급 출현, **고**인돌, **비**파형 동검, **벼**농사 본격적으로 시작, **반**달 돌칼 사용)으로 기억하세요!

한능검 퀴즈
고인돌은 어느 시대의 유물인가요?

정답: 청동기 시대

12월 16일 체크 ✓

1·4 후퇴

6·25 전쟁 중인 1951년 1월 4일, 국군과 연합군이 서울을 다시 빼앗기며 남쪽으로 후퇴한 사건이에요. 압록강과 두만강 유역까지 올라갔던 국제 연합군(UN군)은 중국군의 공격에 1950년 11월 말부터 1951년 1월 사이에 서울 이남 지역까지 철수했어요. 이 사건으로 수많은 피난민이 발생했다고 해요.

인천 상륙 작전의 성공으로 북진했던 국군이 중국군의 개입으로 다시 남쪽으로 내려왔고, 결국 1월 4일 서울을 다시 빼앗기게 되지요.

낙동강까지 밀려 내려감 - 인천 상륙 작전 - 중국군 개입 - 1·4 후퇴 등으로 이어지는 **6·25 전쟁의 순서**를 기억해 주세요.

6·25 전쟁 초기, 서울을 빼앗기고 낙동강 근처까지 밀려 내려갔던 남한군이, 서울을 되찾고 북진할 수 있는 계기가 되었던 작전은?

정답: 인천 상륙 작전

1월 **13**일 체크

철기 시대

철제 농기구와 무기를 사용했던 선사 시대의 마지막 시기예요. 돌이나 나무로 만들던 농기구를 단단한 철로 만들게 되면서 농업 생산량이 크게 늘어났고, 날카로운 철로 무기도 만들게 되어 전투력도 증가했어요. 그래서 한반도에 여러 국가가 만들어졌지요.

철기 시대라고 해서 철로 만든 무기만 있었던 건 아니고 청동으로 만든 동검도 같이 사용했어요. 내일 자세히 알려 드릴게요. 이 시대에는 중국과 교류를 하게 되었고, 독무덤도 사용했어요.

독무덤 큰 항아리(토기)로 만든 무덤이에요. 항아리 하나를 사용해 묻기도 하고, 두 개를 붙여서 사용하기도 했어요.

청동기 시대의 대표적 동검은?

정답: 비파형 동검

인천 상륙 작전

1950년 9월 15일 국제 연합군(UN군) 사령관 맥아더가 연합군과 국군을 인천에 상륙시켜 북한군의 후방을 공격했던 작전이에요. 불리했던 전쟁을 유리하게 바꿨던 군사 작전이지요.

인천 상륙 작전의 성공으로 낙동강까지 밀렸던 우리 군은 다시 서울을 되찾고 북쪽으로 진격하게 된답니다.

후방 전선에서 비교적 뒤에 떨어져 있는 지역으로 전방 부대에 대한 물자, 병력 등의 보급이나 보충을 담당해요.

북한의 남침으로 시작되어 3년 넘게 지속되었던 전쟁은?

정답: 6·25 전쟁

1월 14일 체크

세형 동검

철기 시대에 사용했던 청동으로 만든 검이에요. 비파형 동검에 비해 폭이 좁고 가늘고 길어서 세형 동검이라고 부릅니다.

청동기 시대는 비파형, 철기 시대는 세형 동검이 대표 유물인 것을 꼭 알아 두세요! 그리고 중국과 교류한 것, 독무덤 사용 등이 중요해요.

우리 친구들, 철새가 아름답게 날아가는 모습을 보면 나도 모르게 빠져들어 계속 보게 되죠? **철세에 중독되다**(**철**기 시대, **세**형 동검, **중**국과 교류, **독**무덤 사용)로 외우세요!

선사 시대 중 중국과 교류가 있었던 시기는?

정답: 철기 시대

12월 **14**일 체크 ✓

6·25 전쟁

1950년 6월 25일 새벽, 북한이 무력으로 통일하기 위해 남한을 쳐들어와 벌어진 전쟁이에요. 북한은 선전 포고도 없이 남한으로 쳐들어왔고, 미리 전쟁을 준비해 왔던 북한은 전쟁 시작 후 두 달 만에 남한의 거의 전 지역을 차지했지요. 이 전쟁은 1953년 7월 27일까지 3년 넘게 계속되었어요.

전쟁 초기에는 서울을 빼앗기고 낙동강까지 밀려 내려갔지만, 국제 연합군(UN군)의 합류로 다시 북진해서 압록강 근처까지 갔어요. 그런데 중국군이 북한군을 지원하면서 다시 밀려 내려왔고, 결국 휴전 협정으로 마무리되었어요. 이 과정을 꼭 기억하세요.

선전 포고 한 나라가 다른 나라에 대하여 전쟁을 시작한다는 것을 공식적으로 알리는 일이에요.

대한민국 정부가 수립된 날은?

정답: 1948년 8월 15일

1월 15일 체크

고조선

단군왕검이 세운 한반도 최초의 국가예요. 단군왕검이라는 이름이 참 중요한 의미를 담고 있는데, 그것은 내일 자세히 얘기할게요. 고조선은 크게 두 시기로 구분할 수 있어요. 청동기를 기반으로 발전한 전기 단군조선과 철기 문화를 적극적으로 수용한 후기의 위만조선으로요. 수도는 처음엔 아사달이었고, 후기엔 왕검성이었답니다.

한국사 시험에는 고조선의 마지막 수도인 왕검성이 자주 나와요. 중국의 한나라 무제가 침입해서 고조선이 멸망하는데, 고조선의 멸망과 왕검성의 함락은 같은 의미라는 것을 꼭 알아 두세요!

아사달 『삼국유사』라는 책에 단군왕검이 아사달에 수도를 정했다는 이야기가 전해집니다. 아사달이 정확히 어디인지는 확인되지 않았어요.

세형 동검을 사용하고 독무덤을 이용해 사람을 매장했던 시기는?

정답: 철기 시대

김일성

8·15 광복 후에 한반도 북쪽에 세워진 조선 민주주의 인민 공화국(북한)의 첫 번째 최고 지도자예요. 1950년에 6·25 전쟁을 일으켰으며, 이후에는 주체 사상을 바탕으로 1인 독재 체제를 만들어 아들인 김정일에게 권력을 물려주었지요.

현재 북한 지도자인 김정은은 김정일의 아들이지요.

1948년 8월 15일 남한에서는 이승만 대통령이 이끄는 대한민국 정부가 출범하고, 북한에서는 1948년 9월 9일 김일성이 이끄는 조선 민주주의 인민 공화국이 시작됩니다.

주체 사상 북한에서 김일성이 1930년에 창시했다고 주장하는 사상으로, 북한의 모든 정책과 활동의 기초가 된다고 해요.

대한민국 초대 대통령은?

정답: 이승만

1월 16일 체크 ✓

단군왕검

한반도 최초의 국가 고조선을 세운 사람입니다. 단군왕검에서 '단군'은 제사장을, '왕검'은 정치적 지배자를 뜻해요. 따라서 고조선은 제사와 정치를 한 사람이 모두 맡아 했던 '제정일치' 사회였답니다.

서쌤의 족집게 고조선과 삼한을 비교하는 문제가 자주 시험에 나옵니다. 고조선 멸망 이후 생긴 여러 나라 중 삼한은 정치 지도자와 제사장이 각각 따로 존재했기 때문에 '제정분리' 사회였어요. 제정일치 사회였던 고조선과 비교해서 꼭 기억하세요!

어휘 쑥쑥 **삼한** 청동기 시대부터 한반도 남쪽에 생겨난 여러 개의 작은 국가로 이루어진 나라로, 마한, 진한, 변한이 있어요.

한능검 퀴즈 한반도 최초의 국가인 고조선의 마지막 수도는?

정답 : 왕검성

12월 12일 체크

이승만

대한민국 제1대, 2대, 3대 대통령이에요. 일제 강점기에 미국을 비롯한 해외에서 독립운동을 펼치다 8·15 광복 뒤 열린 5·10 총선거 이후에 대통령으로 선출되었어요. 하지만 1960년 3·15 부정 선거와 4·19 혁명 이후 대통령 자리에서 물러나게 됩니다.

이승만은 제헌 국회 의원들의 투표로 당선된 대한민국의 초대 대통령이에요. 1948년부터 1960년까지 12년간 세 번 대통령에 당선된다는 사실을 기억하세요.

당선과 선출 당선은 선거에서 뽑히는 것이고, 선출은 여럿 가운데서 뽑거나 골라 내는 것을 말해요.

(OX 퀴즈) 보통 국회의원의 임기는 4년인데, 제헌 국회 의원의 임기는 2년이었다.

O : 답정

고조선의 건국 신화

하늘 신의 아들 환웅은 바람, 비, 구름을 다스리는 신하들과 삼천 명의 무리를 이끌고 내려와 인간 세상을 다스렸는데, 어느 날 곰과 호랑이가 찾아와 사람이 되게 해달라고 했어요. 환웅은 쑥과 마늘을 주며, 백 일 동안 햇빛을 보지 않고 견디면 사람이 될 것이라 했지요. 그런데 호랑이는 견디지 못해 도망갔고, 곰은 잘 참고 견뎌 웅녀가 되었어요. 그 웅녀와 환웅이 결혼해서 낳은 아들이 단군왕검이고 그가 세운 나라가 고조선이랍니다.

이 신화를 통해 고조선은 농경사회라는 걸 알 수 있어요. 바람, 비, 구름을 다스리는 신하는 모두 농사와 관련이 있지요. 또, 곰과 호랑이가 나오는 것으로 보아 동물을 숭배하는 신앙이 유행했다는 것도 알 수 있어요.

건국 신화 나라가 세워지게 된 신비스러운 이야기를 말해요. 한반도 최초의 국가 고조선에는 단군왕검에 대한 재미있는 건국 신화가 있지요.

단군왕검 이름의 뜻은 무엇인가요?

정답: 단군은 제사장, 왕검은 정치적 지배자

12월 11일 체크 ✓

제헌 국회

국회의원 전체를 한꺼번에 선출하는 5·10 총선거로 뽑힌 국회의원들로 구성된 국회로 대한민국 정부 수립을 위한 헌법 제정, 대통령 선출 등의 임무를 수행했어요.

제헌 국회는 1948년 7월 17일에 헌법을 만들어 공포했어요. 그리고 같은 해 8월 15일에 이승만 대통령이 이끄는 대한민국 정부가 수립되었어요. 보통 국회의원의 임기는 4년인데 제헌 국회의원의 임기는 2년이었다는 점도 기억해 두세요.

헌법 모든 국가 법의 체계적 기초로서 국가의 조직, 구성 및 작용에 관한 근본법이며 다른 법률이나 명령으로써 변경할 수 없는 한 국가의 최고 법규예요.

대한민국 최초의 보통 선거는?

정답: 5·10 총선거

1월 18일 체크

8조법

고조선에 있었던 한국사 최초의 법으로 8가지 조항이 있었다고 해요. 현재는 8가지 중에서 다음과 같은 3가지만 전해 내려오고 있어요.

'사람을 죽인 사람은 사형에 처한다'
'남을 다치게 한 자는 곡식으로 갚아야 한다'
'도둑질을 한 사람은 노비로 삼는데, 풀려나려면 50만 전을 내야 한다'

최초의 국가 고조선에서는 나라가 커지자 사회 질서를 유지하기 위해 8조법을 만들었어요. '범금 8조'라고도 하는 8조법은 한국사 시험에 정말 많이 나와요!

범금 법적으로 금지되어 있는 것을 범했다는 뜻이에요.

고조선 건국 신화에 나오는 바람, 비, 구름을 다스리는 신하를 통해 알 수 있는 것은?

정답: 고조선이 농업을 중시하던 사회다

5·10 총선거

1948년 5월 10일에 치러진 대한민국 최초의 보통 선거이며, 남한 만의 단독 선거였어요. 이 선거를 통해 국회의원 200명이 뽑혔어요.

5·10 총선거를 통해 뽑힌 국회의원들에 의해 구성된 국회를 제헌 국회라고 해요. 그들이 헌법을 만들게 되지요.

보통 선거 재산, 신분, 성별, 교육 정도에 상관없이 성년이 되면 누구에게나 선거권이 주어지는 선거예요.

남한 만의 단독 정부 구성을 반대하는 좌익 세력을 진압하는 과정에서 수많은 제주민들이 희생된 가슴 아픈 사건은?

정답: 제주 4·3 사건

1월 19일 체크

『삼국유사』

단군왕검의 고조선 건국 신화가 나오는 역사책으로, 고려 시대 승려 일연이 썼어요. 입에서 입으로 전해지는 이야기인, 신화, 전설 같은 신비한 이야기가 많이 담겨 있고 스님이 쓴 책이기 때문에 불교적이에요. 현존하는 한국사 최초의 역사책인, 고려 시대 김부식이 쓴 역사책 『삼국사기』와 자주 비교되지요.

단군왕검의 고조선 건국 신화가 나오는 책은 『삼국사기』가 아닌 『삼국유사』입니다. 『삼국사기』와 『삼국유사』는 고려 시대에서 더 자세히 이야기할게요.

『삼국사기』는 김부식이 썼고, 『삼국유사』는 일연 스님이 썼는데, 헷갈리기 쉬우니 ㄱㄱ, ㅇㅇ(삼국사'기'는 '김'부식, 삼국'유'사는 '일'연 스님)으로 외워 두세요.

고조선 시대에 만들어진 한국사 최초의 법은?

제주 4·3 사건

1948년 4월 3일부터 약 7년 동안 지속된 사건으로, 남한만의 단독 정부 수립을 반대하는 제주도의 좌익 세력을 미군정이 진압하는 과정에서 많은 제주도민들이 희생당했어요.

제주 4·3 사건의 진상 규명을 위한 노력이 계속되어, 김대중 정부 시기인 2000년에 제주 4·3 특별법이 제정되었고, 2003년에 노무현 대통령은 공식 사과를 하기도 했어요.

좌익 일반적으로 안정보다는 변화, 성장보다는 분배와 복지를 강조하는 경향을 지닌 정치 세력을 말해요.

파리 강화 회의에 한국 대표로 파견되었고, 대한민국 임시 정부 부주석을 지냈으며, 남북협상에도 참여했던 인물은?

1월 20일 체크

요동 지방

중국 동북 지방을 흐르는 강인 요하(랴오허 강)의 동쪽 지역을 말해요. 요하의 서쪽은 요서, 동쪽은 요동으로 구분합니다. 현재는 중국 땅이지만, 고조선, 고구려, 발해 때는 이 지역을 차지했던 적이 있었지요.

서쌤의 족집게
고려 말 우왕 때, 요동 정벌을 위해 떠났던 이성계가 위화도에서 군사를 되돌려 고려를 멸망시키고 조선을 건국했어요. '위화도에서 군사를 돌렸다'고 해서 '위화도 회군'이라고 합니다. 다시 이 지역 이야기가 나올 테니 꼭 기억해 두세요.

어휘 쑥쑥
요하 중국어 발음으로는 랴오허라고 하며, 중국 동북 지방 남부 평야를 흐르는 강이에요.

한능검 퀴즈
고려 승려 일연이 쓴 역사책으로 고조선의 건국 신화가 나오는 것은?

정답: 『삼국유사』

김규식

일제 강점기인 1919년 파리 강화 회의에 대한민국 임시 정부의 대표로 탄원서를 제출했고, 1944년부터는 대한민국 임시 정부의 부주석을 지냈어요. 해방 이후 1947년 여운형과 함께 좌우 합작 위원회를 구성했으며, 1948년에는 김구와 함께 남북 협상에도 참여한 정치인이에요.

김규식은 1919년부터 1950년까지 한국사의 중요한 사건 때마다 활약했던 인물이기에 잘 알아 두어야 해요.

파리 강화 회의 1919년 연합국의 대표들이 프랑스 파리에 모여 제1차 세계 대전이 끝난 뒤 전쟁의 뒤처리를 의논한 회의예요.

1948년 남한만의 단독 정부 수립 분위기가 되자, '삼천만 동포에게 읍고함'이라는 성명을 발표한 인물은?

정답: 김구

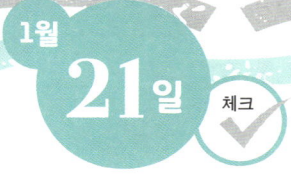

1월 21일 체크

삼국 시대

기원전 1세기부터 기원후 7세기까지 고구려, 백제, 신라 세 나라가 중국 만주 지방의 남쪽과 한반도 일대에서 세워진 때부터 신라가 삼국을 통일한 676년까지의 시기를 말해요.

고구려, 백제, 신라는 정치, 경제적 권한이 중앙 정부에 집중되어 있는 중앙 집권적 국가로 발전하면서 저마다 고유한 특색을 가진 문화를 발전시켰어요.

기원전과 기원후, 세기 역사 연도를 말할 때 예수 탄생 이전을 기원전, 이후를 기원후라고 하지요. 또, 세기는 백 년 단위로 연대를 세는 말이에요.

고려 말 요동 정벌을 떠났던 이성계가 위화도에서 군사를 돌린 사건은?

정답: 위화도 회군

12월 07일 체크 ✓

김구

일제 강점기 대한민국 임시 정부의 주석을 지냈으며 다방면으로 활발한 독립운동을 한 독립운동가이자 정치인이에요. 8·15 광복 후에는 신탁 통치 반대 운동을 했고, 남한만의 단독 정부 수립을 반대하며 통일 정부를 수립하고자 노력했지요. 호는 백범으로, 자서전인 『백범일지』가 유명하지요.

서쌤의 족집게
남북한 통일 정부가 아닌 남한만의 단독 정부 수립 분위기가 되자, 김구는 '삼천만 동포에게 읍고함'이라는 성명을 발표했고, 북한의 김일성을 만나 남북 협상을 합니다. 이 내용은 한국사 시험에서 정말 중요하게 다뤄지니 기억해 주세요.

어휘 쑥쑥
자서전 작자 자신의 일생을 스스로 지어 쓴 전기를 말해요.

한능검 퀴즈
1차 미소 공동 위원회가 열렸던 장소는?

정답: 덕수궁 석조전

1월 22일 체크 ✓

고구려

기원전 37년 부여의 주몽이 세운 고대 국가예요. 부여와 주몽에 대해서는 내일과 모레에 걸쳐 다시 이야기할게요. 고구려의 수도는 유리왕 때 국내성, 장수왕 때 평양성으로 옮겨졌어요. 668년에 신라와 당나라의 연합군에 의해 멸망했답니다.

고구려의 수도가 졸본에서 국내성, 다시 평양성으로 옮겨진 사실을 꼭 알아 두세요.

유리왕 고구려 2대 왕으로, 고구려를 세운 주몽의 아들이에요.

삼국 시대의 세 나라 이름은?

정답: 고구려, 백제, 신라

12월 06일 체크 ✓

미소 공동 위원회

모스크바 3상 회의의 결정에 따라 대한민국 정부 수립을 위해 미국과 소련이 만나서 연 회의예요. 총 두 차례 회의를 열었지만, 미국과 소련의 의견 차이와 조선인 단체들이 이 회의에 참여하지 않아 결론을 내지 못했답니다.

1차 미소 공동 위원회가 열렸던 장소가 한국사 시험에 자주 출제됩니다. 바로 덕수궁의 석조전이에요. 꼭 기억하세요.

모스크바 3상 회의 1945년 12월 소련의 수도 모스크바에서 개최된 미국·영국·소련 3국의 외상 회의로, 한국 문제를 비롯한 제2차 세계 대전 이후 세계 여러 지역의 문제점에 대하여 협의했어요.

1945년 12월 미, 영, 중, 소 네 나라가 UN 감독하에 우리나라를 신탁 통치할 것을 결의한 회의는?

정답: 모스크바 3상 회의

부여

중국 쑹화 강 일대에 세워진 고대 국가 중 하나예요. 부여에서는 음력 12월에 '영고'라는 하늘에 소원을 빌며 제사를 지내는 제천 행사를 지냈어요. 이때에는 온 나라 백성들이 제사를 지내고 노래하며 춤을 추는 잔치를 벌였다고 해요.

부여의 제천 행사 '영고'는 꼭 기억하세요. 그런데 고구려에서도 10월에 '동맹'이라는 제천 행사를 지냈어요. 이 두 가지는 꼭 구분해서 알아 두어야 해요!

부여의 제천행사는 **영고**이니 **부영고**, 용맹스런 **고구려**의 제천행사는 **동맹**. 이렇게 외워 두세요!

고구려 장수왕 때 수도를 국내성에서 어디로 옮겼나요?

평양성 :답정

12월 05일 체크 ✓

신탁 통치

1945년 12월에 열린 모스크바 3상 회의(3국 외상 회의)에서 채택된 것으로, 미국, 영국, 중국, 소련 네 나라가 UN의 감독하에 우리나라를 대신 관리하는 것을 말해요.

광복이 되었지만 다른 나라의 신탁 통치를 받게 되는 것에 우리나라는 반대파와 찬성파로 나뉘어 대립했어요. 그래서 국내 정치는 혼란스러운 시기가 계속되었어요.

신탁 일정한 목적에 따라 재산의 관리와 처분을 남에게 맡기는 일이에요.

미군에 의해 남한이 대신 다스려지던 미 군정기는 언제부터 언제까지인가요?

정답: 1945년 9월부터 1948년 8월 15일까지

1월 24일 체크 ✓

주몽

고구려를 세운 시조예요. 시조는 나라나 집안의 맨 처음이 되는 조상을 말해요. 주몽의 성은 '고'이고, 동명왕 또는 동명성왕이라 불렀어요. 주몽은 활을 잘 쏘는 사람이라는 뜻이고, 알에서 태어났다는 탄생 설화가 있어요.

 **서쌤의 족집게**
고려 후기의 문신, 이규보는 주몽을 중심으로 이야기가 펼쳐지는 서사시를 썼어요. 서사시는 역사적 사실이나 신화, 전설, 영웅의 일 등을 그대로 쓴 시인데, 이규보가 쓴 영웅 서사시의 제목이 '동명왕편'이라는 것, 꼭 기억하세요!

 **어휘 쑥쑥**
설화 각 민족 사이에 전해 내려오는 신화, 전설, 민담 등이에요.

 **한능검 퀴즈**
12월에 부여에서 지낸 제천 행사는?

정답: 영고

12월 04일 체크

한반도의 분단

1945년 8월 15일 광복과 동시에 한반도에 남아 있는 일본군을 정리한다는 명목으로 북위 38도를 기준으로 북쪽은 소련군이, 남쪽은 미군이 점령하면서 한반도의 분단이 시작되었어요. 1948년 8월, 남쪽에는 대한민국이, 9월에는 북쪽에 조선 민주주의 인민 공화국이 수립되면서 공식화됩니다.

광복 이후인 1945년 9월부터 1948년 8월 15일 대한민국 정부가 수립되기 전까지를 군정기라고 해요. 미군과 소련군이 각각 남북을 관리하던 시기입니다.

분단 동강이 나게 끊어 가르는 것을 말해요.

남한과 북한이 동시에 UN에 가입한 것은 어느 정부 때인가요?

정답: 노태우 정부

1월 25일 체크

백제

기원전 18년, 한반도 서남부에 세워진 고대 국가예요. 고구려 주몽의 아들 온조가 남쪽으로 내려와 위례성에 세운 나라이고, 660년에 신라와 당나라 연합군에 의해 멸망했어요.

삼국 중 가장 먼저 전성기를 맞이한 나라가 백제인데, 또 가장 먼저 멸망하기도 했답니다. 4세기경 근초고왕 때가 전성기였고, 의자왕 때 멸망했어요.

위례성 백제가 세워질 때 수도로 정한 곳으로, 한성 그러니까 지금의 서울 한강 부근이에요. 문주왕 때 웅진(공주)으로 옮기기 전까지 백제의 수도였어요.

주몽의 일대기를 다룬 서사시 동명왕편을 쓴 사람은?

이규보 :답장

국제 연합(UN)

국제 평화 유지를 목적으로 1945년에 결성된 범세계적 기구예요. 광복 이후, 국제 연합의 결정으로 우리나라의 운명이 여러 가지로 바뀌게 됩니다.

우리나라는 언제 국제 연합 회원국이 되었을까 궁금하지요? 수많은 노력에도 불구하고 여러 가지 사정상 가입이 미뤄지다가, 1991년이 되어서야 남북한 동시 UN 가입을 결정해요.

우리나라가 국제 연합에 가입한 것은 노태우 정부 때입니다. 중요하니 꼭 기억하세요!

1944년 건국 동맹을 결성하고, 1945년에는 조선 건국 준비 위원회를 만든 인물은?

정답: 여운형

온조

백제의 시조예요. 고구려의 시조 주몽의 아들이며 비류의 동생이에요. 삼국의 시조 중 유일하게 탄생 설화가 없어요. 신라의 박혁거세, 고구려의 주몽 둘 다 알에서 태어났다는 설화가 있답니다.

백제의 시조만 탄생 설화가 없네요!

백제는 도읍을 옮긴 역사가 자주 시험에 나옵니다. 첫 수도는 위례성(한성)이었고, 문주왕 때 웅진(공주)으로, 다시 성왕 때 사비(부여)로 옮겼다는 점 꼭 기억해 두세요.

백제에는 오경박사라 불리는 공부를 많이 한 사람들이 있었어요. 백제는 그야말로 **한공부(한성-공주-부여)** 한 거죠!

4세기 백제 전성기를 이끈 왕은?

근초고왕: 담정

12월 02일 체크

여운형

일제 강점기의 독립운동가이자 정치인으로, 호는 몽양이에요. 여운형은 광복이 되기 전인 1944년에 독립운동 단체인 건국 동맹을 결성하고, 1945년 8월 15일에는 조선 건국 준비 위원회를 만들어 완전한 독립 국가를 만들기 위해 노력했어요.

서쌤의 쪽집게
여운형은 1947년 암살당해서 세상을 떠나기 전까지 여러 활동을 통해 대한민국 정부를 만들기 위해 노력했어요.

어휘 쑥쑥
조선 건국 준비 위원회 8·15 광복 후 처음으로 만들어진 건국 준비 단체예요.

한능검 퀴즈
우리가 35년간의 일본 식민 통치로부터 해방된 날은 언제인가요?

정답: 1945년 8월 15일

1월 27일 체크 ✓

신라

기원전 57년 박혁거세가 영남 지방에 세운 나라예요. 건국 당시 나라의 이름은 사로국이고, 수도는 쭉 금성(경주)이었어요. 676년에 삼국을 통일했답니다.

서쌤의 족집게
신라는 삼국 중 유일하게 수도를 옮기지 않은 나라입니다. 또 전성기는 가장 늦게 맞았는데, 결국 삼국을 통일한 나라이기도 해요. 진흥왕(6세기) 때 전성기를 맞이하고, 문무왕(676년) 때 삼국 통일을 완성합니다.

영남 지방 소백산맥 동남부 지역을 말해요. 지금의 경상 남·북도 지역이에요.

백제의 마지막 수도는?

정답: 사비(부여)

12월 01일 체크 ✓

8·15 광복

1945년 8월 15일, 35년간의 일본 식민 통치로부터 해방된 것을 말해요. 태평양 전쟁을 일으켰던 일본이 연합군에 무조건 항복하면서 세계 제2차 세계 대전이 끝났고, 우리나라도 일본의 식민 지배에서 벗어나게 되었어요.

광복은 되었지만, 일본이 연합국에게 항복하며 해방이 된 것이라서, 이후 국내 정치뿐 아니라 주변 나라와도 상당히 복잡한 문제에 부딪히게 됩니다. 그러나 광복을 위해 끊임없이 독립운동을 펼쳤던 우리의 노력이 절대 헛되지 않았다는 것을 꼭 기억하세요.

광복 빼앗긴 주권을 되찾은 것을 말해요.

1945년 미국군과 함께 국내 진공 작전을 계획했던 부대는?

곤늪윤 논큥 :呂슜

1월 28일 체크 ✓

박혁거세

신라를 세운 시조로 알에서 태어났다는 탄생 설화가 있어요. 알에서 태어난 뒤 지금의 경주 지역을 다스리던 여섯 촌장의 지지를 받아 왕이 되었다고 해요.

신라 초기에는 세 가지 성씨(박, 석, 김)의 사람이 번갈아서 왕의 자리를 차지했어요. 그러다 17대 내물마립간 때부터 김씨가 본격적으로 왕이 되었어요. 나라 이름을 신라로 쓰고, 왕이라는 명칭을 사용하기 시작한 것은 지증왕 때부터라는 것도 시험에 자주 나와요.

혁거세 세상을 밝게 한다는 뜻이에요.

(OX 퀴즈)신라의 수도는 한 번도 바뀌지 않았다.

O : 납장

대한민국

1월 29일 체크

연맹 국가

하나의 나라로 통합되지 못하고 여러 국가나 부족들이 각각 자치권을 가지고 있는 형태의 국가예요. 그 대표적인 예가 바로 가야랍니다. 가야가 만약 중앙집권 체제를 갖춘 국가였다면 삼국 시대가 아니라 가야까지 포함해서 사국 시대라고 불렀을 거예요.

가야는 총 6개 국가의 연맹이에요. 그래서 6가야 연맹이라고 부르죠. 연맹 국가이지만 시기별로 연맹을 주도한 세력이 있었는데요, 전기에는 금관가야, 후기에는 대가야입니다.

연맹 같은 목적을 가진 사람, 단체나 국가가 서로 돕고 행동을 함께 할 것을 약속하는 것 또는 약속한 단체를 말해요.

사로국에서 신라로 나라 이름을 바꾼 왕은?

정답: 지증왕

11월 30일 체크

국내 진공 작전

일제가 곧 전쟁에서 패할 것이라고 판단한 대한민국 임시 정부는 우리의 힘으로 우리의 땅을 되찾기 위해 1945년 8월에 국내로 들어가 싸울 진공 부대를 꾸렸어요. 한국 광복군이 미군과 연합해 국내로 진입하려 했던 것이지요.

국내 진공 작전은 결국 시행되지 못하지요. 왜냐하면 1945년 8월 15일 일본이 항복을 선언하면서 해방되었기 때문에 작전을 펼칠 이유가 없게 되었기 때문이지요.

진공 진격해서 공격하는 것이에요.

『님의 침묵』과 『조선 불교 유신론』을 쓴 인물은?

정답 : 한용운

1월 30일 체크

금관가야

전기 가야 연맹을 이끈 국가예요. 금관가야의 시조는 김수로왕인데요, 건국 설화도 있답니다. 하늘에서 구지봉이라는 곳으로 6개의 알이 내려왔는데, 사람들이 '구지가'라는 노래를 불렀더니 그 중 한 알에서 제일 먼저 나온 아기가 바로 김수로였답니다.

구지가는 이런 노래였다고 해요. "거북아, 거북아 머리를 내밀어라! 내밀지 않으면 구워서 먹으리." 금관가야는 신라 법흥왕에 의해 멸망되었어요. 기억해 두세요!

금관가야는 신라의 법흥왕에게 멸망하는데 쉽게 외우기 위해 복습부터 할까요? 고조선의 법이 뭐라고 했죠? 8조법 또는 범금 8조, **범금** → **법금**(법흥왕 때 **금**관가야 멸망).

전기 가야 연맹을 주도한 국가는?

정답: 금관가야

11월 29일 체크

한용운

일제 강점기의 승려이자 시인, 독립운동가로, 호는 만해예요. 3·1 운동 때 독립 선언서에 서명한 민족 대표 33인 중 한 사람으로, 불교계를 대표해 참여했어요. 이때 체포되어 감옥에 갇히게 되었고, 풀려난 뒤에도 창씨개명 반대 운동을 하는 등 독립운동을 이어갔어요.

만해 한용운 / 님의 침묵

한용운의 다양한 활동을 기억하세요. 불교계를 대표해 독립운동을 한 것 외에도 일제 강점기에 승려로서 깨달음과 독립 의지를 담은 시집 『님의 침묵』을 펴내기도 했어요.

한용운은 1919년 3·1 운동 때 민족 대표 33인 중 1인이었고, 저항 시인 『님의 침묵』을 썼으며, 불교 개혁을 주장하며 『조선 불교 유신론』도 썼어요.

『한국 통사』와 『한국 독립운동지혈사』를 쓴 역사학자는?

정답: 박은식

1월 31일 체크 ✓

대가야

후기 가야 연맹을 주도한 국가예요. 지금의 경상북도 고령 부근에 있었고, 시조는 이진아시왕이랍니다. 이름이 매우 어렵지요? 대가야는 농업이 발달했고 철을 다루는 기술도 뛰어났다고 해요.

금관가야처럼 대가야도 어느 나라 어느 왕에게 멸망했는지가 중요하답니다. 대가야는 신라의 전성기를 이끈 진흥왕에 의해 멸망했어요.

다음에 나올 진대법이라는 제도가 매우 중요해요. 진대법의 **진대**(**진**흥왕이 **대**가야 멸망)로 외우세요.

금관가야를 멸망시킨 왕은?

융옹법: 답정

11월 28일 체크

박은식

일제 강점기의 독립운동가이자 민족주의 역사학자예요. 독립 협회에 가입해 활동했고 신민회에도 가입해 적극적으로 독립운동을 했어요. 나라를 잃은 뒤에는 중국으로 망명해 역사 연구를 하며 일본의 침입 과정과 독립운동 과정을 다룬 역사책을 집필했어요. 1925년에는 대한민국 임시 정부 2대 대통령을 지내기도 했어요.

신채호와 더불어 대표적인 일제 강점기 민족주의 역사학자인 박은식이 집필한 책인 『한국 통사』, 『한국 독립운동지혈사』를 잘 알아두어야 해요.

민족주의 역사학 일제의 식민 사관을 비판하고 우리 민족의 정신과 전통을 바탕으로 주체적인 역사를 세우고자 했던 역사학이에요.

묘청의 난을 '조선 역사 천 년 중에 있었던 제일 큰 사건'이라고 말한 인물은?

정답: 신채호

삼국 시대
①

신채호

일제 강점기의 독립운동가이자 민족주의 역사학자로 호는 단재예요. 신민회를 만들었고, 국채 보상 운동에 참여했으며, 대한민국 임시 정부 수립에도 참여했어요. 의열단의 행동 지침인 '조선 혁명 선언'을 작성했고, '역사만이 살 길이다'라는 생각으로 우리나라 고대사를 연구하며 많은 책을 집필했다고 해요.

신채호는 우리 고대사를 연구하며 많은 책을 집필했는데, 특히 『조선사 연구초』에서 묘청의 난을 '조선 역사 천 년 중에 있었던 제일 큰 사건'이라고 말한 것은 한국사 시험에 정말 많이 출제됩니다.

『독사신론』, 『조선 상고사』, 『조선사 연구초』 등 신채호가 쓴 역사책 이름을 기억하세요!

「청포도」, 「광야」, 「절정」 등의 저항시를 발표한 시인은?

정답: 이육사

2월 01일 체크

진대법

가난한 백성들을 위해 봄에 곡식을 빌려주고 가을에 돌려받는 제도예요.
고구려 9대 왕 고국천왕 때 을파소라는 신하가 건의하여 실시되었지요.

진대법은 시간이 흘러 고려 태조 때 흑창, 성종 때 의창이라는 제도로 발전되어요. 한국사 시험에 아주 많이 나오는 내용이니까 미리미리 알아 두면 참 좋겠죠?

을파소 고국천왕 13년에 지금의 국무총리급인 국상으로 임명되었어요. 어려운 처지에 있는 사람들을 돕는 진대법을 실시해 백성들의 생활은 나아지고 왕의 힘은 강해졌다고 해요.

대가야를 멸망시킨 왕은?

정답: 신라 진흥왕

11월 26일 체크

이육사

일제 강점기의 독립운동가이자 시인으로 여러 저항시를 썼고, 의열단에 가입하는 등 적극적으로 독립운동에 몸담았어요. 독립운동 중 감옥에 갇히게 되었는데, 그때 죄수 번호였던 264번을 따서 자신의 이름을 이육사라고 지었지요. 이육사는 살아 있는 동안 정말 쉼 없이 독립운동에 참여해 17번이나 감옥에 갇혔었다고 해요.

독립운동으로 건강이 나빠진 뒤에도 이육사는 다양한 글을 쓰며 활동을 이어갔어요. 특히 시를 통해 우리 민족의 정신을 일깨우고 일제에 저항하겠다는 의지를 다졌다고 해요. 「청포도」, 「광야」, 「절정」 등의 이육사 작품을 기억해 주세요.

저항시 일제 강점기 때 일제에 대한 저항 의지를 문학적으로 발전시킨 시를 말해요.

1930년대 심훈이 『동아일보』에 연재한 농촌 계몽운동을 소재로 한 장편 소설은?

정답: 「상록수」

2월 02일 체크 ✓

근초고왕

백제는 4세기 13대 왕인 근초고왕 때에 삼국 중 가장 먼저 전성기를 누리게 되었어요. 근초고왕은 고구려를 침략해 평양성을 함락시켰어요. 당시 고구려 왕인 고국원왕은 이 전투에서 사망했지요.

백제의 전성기는 근초고왕 때!

삼국 시대 각 나라의 전성기를 이끈 왕들은 아주 중요해요. 고구려는 5세기의 광개토 대왕과 장수왕이고, 신라는 6세기의 진흥왕이에요. 그때 가서 다시 얘기하겠지만, 오늘은 4세기 백제 근초고왕을 꼭 기억해 주세요.

전성기 형세나 세력이 한창 왕성한 시기를 말해요.

을파소가 고국천왕에게 건의하여 실시한 제도는?

정답: 진대법

11월 25일 체크 ✓

『상록수』

1935년에 심훈이 발표한 농촌 계몽 운동을 소재로 한 장편 소설이에요. 1930년 일제 강점기 농촌을 배경으로 한 소설로, 농촌 계몽 운동을 하는 두 남녀의 사랑과 농촌 계몽을 위해 몸과 마음을 바치겠다는 굳은 의지가 담겨 있어요.

심훈 작가는 1901년 태어나 1935년 사망한 시인이자 소설가, 영화인이에요. 3·1 운동에 참가했으며, 다양한 작품에서 일제 강점기에 우리 민족이 당한 고통과 현실을 잘 표현했지요.

『상록수』는 브나로드 운동과 관련이 있다는 점, 『동아일보』에 연재한 소설이라는 점 등을 기억해 주세요.

일제 강점기의 독립운동가이자 시인으로 「별 헤는 밤」, 「자화상」의 저자는?

정답: 윤동주

2월 03일 체크

『서기』

백제 근초고왕 때 만들어진 역사책이에요. 전성기 왕들은 업적을 자랑하기 위해 역사책을 만드는 경우가 많은데, 근초고왕도 고흥이라는 신하를 시켜 『서기』를 만들었답니다.

역사책은 보통 그 나라의 최고 전성기에 만들기 때문에 어느 왕 때 어떤 책이 나왔는지를 잘 알아 두셔야 해요. 물론 시험에 단골로 나오지요!

제주도에서는 두께가 두꺼운 돼지고기를 '근고기'라고 해요. **근고기 (근초고왕 때 고흥이 서기를 쓰다)**라고 외우세요!

삼국 중 전성기를 가장 늦게 맞이한 나라는?

정답: 신라(6세기)

11월 24일 체크

윤동주

일제 강점기의 시인이자 독립운동가예요. 일본 유학 중 독립운동을 한 혐의로 일본 경찰에 체포되었고 해방을 6개월 앞두고 1945년 감옥에서 숨졌어요. 독립에 대한 소망이 담긴 아름다운 문학 작품을 많이 발표했어요.

 윤동주의 작품을 알아 두세요. 「서시」, 「별 헤는 밤」, 「자화상」, 시집으로는 『하늘과 바람과 별과 시』가 있습니다.

 **혐의** 범죄를 저질렀을 가능성이 있다고 보는 것을 말해요.

 『우리말 큰사전』을 편찬한 단체는?

정답: 조선어 학회

칠지도

일본에 보관되어 있는 일곱 개의 가지가 있는 칼이에요. 사실 가지는 여섯 개뿐인데, 몸통까지 합해 칠지도라 불린답니다. 백제 전성기의 왕 근초고왕이 왜(일본의 옛 이름)에 선물한 것이 아닐까 생각하는 학자들이 있어요.

칠지도가 백제의 유물인 것과 그것이 일본에 있는 사실을 통해 당시에 백제와 왜가 교류했음을 짐작할 수 있어요.

교류 여러 분야에서 이룩된 문화나 사상의 성과나 경험을 나라, 지역, 개인 간에 서로 주고받는 것을 말해요.

근초고왕 때 만들어진 백제의 역사책은?

정답: 「서기」

11월 23일 체크 ✓

가갸날

조선어 연구회는 한글 연구를 하면서 강연회, 강습회 등을 열어 한글 보급에 노력한 단체예요. 가갸날은 이 연구회에서 1926년 훈민정음 반포를 기념하면서 만든 날이에요. 바로, 한글 기념일을 만든 것이지요. 당시에는 가갸날이라 불렀지만, 이후 한글날로 바뀌었답니다.

조선어 연구회가 조선어 학회로 발전하고 또 나중에 한글 학회가 됩니다. 각각의 대표적 활동 내용을 구분해서 알아 두세요.

조선어 연구회는 '가갸날(한글날)' 제정, 조선어 학회는 「한글 맞춤법 통일안」 제정, 한글 학회는 『우리말 큰사전』 편찬을 기억하세요!

표준어를 제정하고 「한글 맞춤법 통일안」을 발표한 단체는?

정답: 조선어 학회

2월 05일 체크

고국원왕

고구려의 16대 왕으로 백제 근초고왕과의 전투에서 사망하였어요. 손자인 광개토 대왕은 '할아버지의 원수를 꼭 갚겠다'고 결심했다고 해요.

백제의 전성기를 이끈 근초고왕과의 관계가 한국사 시험에 자주 출제됩니다. 고국원왕과 근초고왕은 같은 시기인 4세기 사람으로, 근초고왕의 침입으로 평양성이 함락되었다는 것을 꼭 기억하세요.

4세기, 근초고왕과 싸우다 **고구려왕**이 **원**통하게 죽었다. 그래서 **고국원왕**. 이렇게 기억하세요!

칠지도는 어느 나라의 유물인가요?

정답: 백제

11월 22일 체크 ✓

조선어 학회 사건

조선어 학회는 1931년에 우리말과 글을 연구하기 위해 만든 단체예요. 한글의 연구와 보급에 힘썼으며, 한글 표기의 기준이 되는 「한글 맞춤법 통일안」을 발표했어요. 일제는 1942년 민족의식을 높이려 했다는 죄로 조선어 학회 학자들을 체포해서 감옥에 가두었는데, 이것을 '조선어 학회 사건'이라고 해요.

「한글 맞춤법 통일안」을 발표하고, 표준어를 제정한 단체가 바로 조선어 학회랍니다. 잘 알아 두세요.

민족의식 자기 민족의 존엄과 권리를 지키고 민족의 단결과 발전을 꾀하려는 집단적 의지나 감정을 말해요.

충칭 대한민국 임시 정부의 정규군으로 지청천이 총사령관이었던 부대는?

곤놀윤 논굔 :禹은

2월 06일 체크

소수림왕

고구려 17대 왕으로 원통하게 죽은 고국원왕의 아들이에요. 불교를 받아들이고, 율령을 반포했으며, 국립 교육 기관인 태학을 설립했어요.

소수림왕은 정말 노력을 많이 한 왕이에요!

고국원왕이 죽고 위기에 빠진 고구려를 일으켜 세우기 위해 무척 노력한 왕이에요. 소수림왕의 노력은 이후 광개토 대왕, 장수왕으로 이어지며 고구려는 전성기를 누리게 되었죠.

율령 반포 율령은 법률을 말하고 반포는 세상에 널리 퍼뜨려 알게 한다는 뜻이에요.

고구려의 고국원왕은 몇 세기 인물인가요?

정답: 4세기

11월 21일 체크

한국 광복군

1940년 중국 충칭에서 조직된 대한민국 임시 정부의 정규군으로, 임시 정부 최초로 만들어진 정식 군대이지요. 대한민국의 독립을 회복하기 위해 중국군은 물론이고 연합군과도 연합해 일본군에 맞서 싸웠어요.

한국 광복군은 조선 의용대와 비교해서 문제가 많이 출제됩니다. 한국 광복군의 총사령관이 지청천이었고, 조선 의용대 대장이었던 김원봉이 나중에 합류해 부사령관이 된다는 점, 그리고 대한민국 임시 정부의 군대라는 점 등을 꼭 알아 두세요.

정규군 한 나라 정부에 제도적으로 소속되어 체계적인 군사 교육 훈련을 받아 이루어진 군대예요.

중국 관내에서 만들어진 최초의 한인 무장 부대는?

정답: 조선 의용대

2월 07일 체크

광개토 대왕

고구려의 19대 왕으로 4세기에서 5세기에 걸쳐 왕의 자리에 있었어요. 요동과 만주를 포함한 넓은 영토를 차지했던 정복 군주예요. 아들인 장수왕과 함께 고구려 전성기를 이끌었어요.

광개토 대왕 때인 400년에 신라에 왜가 쳐들어오자, 신라의 내물 마립간이 광개토 대왕에게 지원 요청을 해요. 그래서 광개토 대왕이 군사를 보내 왜를 물리쳤는데, 그 과정에서 금관가야까지 쇠퇴하게 된답니다.

정복 군주 주변 나라와 자주 전쟁을 해서 그 나라 땅을 빼앗은 왕을 말해요.

고구려의 국립 교육 기관은?

정답: 태학

조선 의용대

의열단 단장이었던 김원봉이 1938년 중국 한커우에서 만든 무장 독립 투쟁 부대예요. 중국 국민당 정부는 일제가 수도인 난징을 점령하는 바람에 수도를 임시로 한커우로 옮겼어요. 의열단을 비롯한 독립 운동가들은 중국 국민당과 함께 한커우에 머물며 일제에 맞서 싸우기 위해 조선 의용대를 만들었지요.

조선 의용대는 한국사 시험에 정말 많이 출제됩니다. 우선 중국 관내(만리장성 안쪽)에서 만들어진 최초의 한인 무장 부대라는 점과, 중국 국민당 장제스의 지원으로 만들어졌다는 점을 기억하세요.

한커우 중국 후베이성 우한시에 있는 도시예요.

'민중 속으로 가자'라는 러시아어가 들어간 1931년에 시작된 농촌 계몽 운동은?

정답: 브나로드 운동

2월 08일 체크

연호

황제의 나라(주로 중국)에서 쓰던 해(年)를 세던 명칭을 말해요. 어제 공부했던 광개토 대왕은 한국사에서 가장 먼저 연호를 사용한 왕이랍니다.

광개토 대왕의 연호는 '영락'!

고구려의 강력한 정복 군주 광개토 대왕 때 사용한 연호는 영원히 즐겁다는 뜻의 영락(永樂)입니다.

한국 역사에서 정복 군주로 유명한 왕은 누구일까요? **영락**없이 광개토 대왕이겠죠. 광개토 대왕 때의 연호는 **영락**없이 **영락**!

400년에 신라에 쳐들어온 왜를 물리쳐 준 고구려 왕은?

정답: 광개토 대왕

11월 19일 체크

브나로드 운동

1931년에 시작된 농촌 계몽 운동으로 『동아일보』가 주도했어요. 브나로드는 러시아어로 '민중 속으로 가자'라는 뜻으로, 러시아 말기에 지식인들이 이상 사회 건설을 위해서 민중을 깨우치기 위해 만든 구호라고 해요. 일제 강점기 조선의 문맹 퇴치 운동이 그 예라고 할 수 있어요.

'문맹'이란 글을 읽고 쓰지 못한다는 뜻으로, 문맹 퇴치 운동은 사람들에게 한글을 가르치는 계몽 운동이었어요. 주로 농촌 지역에서 활발히 일어났지요.

브나로드 운동이 1930년대 초에 시작되었다는 것과 『동아일보』가 주도했다는 것을 기억하세요.

(OX 퀴즈) 윤봉길, 이봉창은 의열단 단원이다.

X : 한인

장수왕

고구려 20대 왕으로, 광개토 대왕의 아들인데 97세까지 장수했어요. 아버지 광개토 대왕에 이어 길게 왕의 자리에 있으면서 고구려의 전성기를 이어갔지요.

광개토 대왕이 북쪽을 공격하여 영토를 넓혔다면, 아들인 장수왕은 남쪽을 넓히는 남진 정책을 추진한 것이 참 중요해요. 그래서 수도를 국내성에서 좀 더 아래쪽인 평양성으로 옮겼지요.

집안의 제일 큰아들을 뭐라고 하죠? 장남! **장남**(**장**수왕은 **남**진 정책)으로 외우세요.

우리 역사상 가장 먼저 연호를 사용한 광개토 대왕 때의 연호는?

영락 : 月뎡

11월 18일 체크

윤봉길 의사

1932년 상하이 훙커우 공원에서는 일왕의 생일을 기념하는 행사가 열리고 있었어요. 이 행사장에서 윤봉길 의사는 물통 폭탄을 던져 일본군에게 큰 피해를 입혔어요. 한인 애국단원이었던 윤봉길 의사의 이 의거는 다소 가라앉아 있던 대한민국 임시 정부와 독립운동가들에게 큰 힘을 불어넣어 주었어요.

윤봉길 의사의 의거 후 중국 국민당의 장제스는 "중국의 100만 대군이 해내지 못한 일을 조선의 청년 한 명이 해냈다."며 윤봉길 의사를 크게 칭찬했어요.

윤봉길 의사의 의거 이후 중국 국민당이 대한민국 임시 정부를 인정하고 적극적인 지원을 해 준 사실을 알아 두세요.

1932년 일본 도쿄에서 왕이 탄 마차를 향해 폭탄을 던졌던 한인 애국단 단원은?

정답: 이봉창

2월 10일 체크

평양성

고구려의 세 번째이자 마지막 수도예요. 20대 장수왕 때 수도로 정했고, 668년 나당 연합군에게 함락될 때까지 고구려의 수도였습니다.

서쌤의 족집게 고구려의 수도가 주몽 때 졸본, 유리왕 때 국내성, 장수왕 때 평양성으로 옮겨진 사실을 잘 알아 두어야 해요. 그리고 고국원왕 때, 평양성이 백제 근초고왕에 의해 함락된 사실도 아주 중요하답니다.

어휘 쑥쑥 **나당 연합군** 신라와 당나라가 힘을 합한 군대를 말해요.

한능검 퀴즈 수도를 평양성으로 옮기고 남진 정책을 펼친 고구려 왕은?

정답: 장수왕

11월 17일 체크

이봉창 의사

의로운 일을 한 사람을 '의사'라고 부르는데, 한인 애국단 단원이었던 이봉창 의사는 1932년 일본 도쿄에서 왕이 탄 마차를 향해 폭탄을 던져 암살하려 했어요. 비록 성공하지는 못했지만, 이봉창 의사의 의거를 중국 신문들은 대서특필했어요.

서쌤의 족집게
의거는 개인이나 집단이 의로운 일을 계획하고 행하는 것을 말해요. 의열단원의 의거가 주로 1920년대에 일어났고, 한인 애국단 단원의 의거는 1932년에 일어났다는 사실을 비교해서 알아 두세요.

어휘 쑥쑥
대서특필 '두드러지게 보이도록 글자를 크게 쓰다'는 뜻으로, 신문이나 잡지에서 큰 비중을 두어 다루는 것을 말해요.

한능검 퀴즈
이봉창과 윤봉길 등이 활약한 항일 무장 단체는?

정답 : 한인 애국단

2월 11일 체크

우산국

6세기 초까지 지금의 울릉도를 지배한 나라예요. 신라의 지증왕이 이사부 장군을 보내 정벌했지요. 우산국 사람들은 신라에 항복한 뒤 해마다 공물을 바쳤어요.

지증왕은 의외로 시험에 자주 출제됩니다. 사로국에서 신라로 나라 이름을 바꾸고, 왕이라는 칭호를 사용하고, 우산국을 정벌했다는 것, 꼭 기억하세요.

여러분, '독도는 우리 땅'이라는 노래 다 아시죠? 신라 장군 **이사부** 지하에서 웃는다. 독도는 우리 땅 → **이사부**는 **지증왕** 때 **우산국**을 정벌.

고구려의 마지막 수도는?

정답: 평양

11월 16일 체크

한인 애국단

1931년 중국 상하이에서 대한민국 임시 정부를 이끌던 김구가 일제의 중요한 인물들을 암살할 목적으로 만든 항일 무장 단체예요. 당시 만주를 점령한 일본이 조선인과 중국인을 이간질시키는 바람에 만주에 사는 동포들과 독립운동가들은 중국인들에게까지 의심과 비난을 받으며 매우 힘든 일을 겪게 되었어요. 하지만 한인 애국단의 용감한 활약으로 중국인들은 조선인을 다시 보게 되었다고 해요.

한인 애국단의 주요 단원으로는 도쿄에서 일본 왕에게 폭탄을 던진 이봉창과 상하이 훙커우 공원에서 폭탄을 던진 윤봉길이 있어요. 꼭 기억하세요.

이간질 두 사람이나 두 나라의 중간에서 서로를 멀어지게 하는 짓을 말해요.

의열단의 행동 지침이 된 '조선 혁명 선언'을 만든 인물은?

정답: 신채호

2월 12일 체크

법흥왕

신라 23대 왕으로, 지증왕의 아들이에요. 율령을 반포하고, 불교를 공인했어요. 공인했다는 말은 나라에서 종교로 받아들였다는 뜻이에요. 당시 신라 귀족들은 불교를 거부하고 있었는데, 법흥왕은 귀족들의 힘을 누르기 위해 불교를 받아들였다고 해요.

율령 반포와 불교 공인은 한국사에서 상당히 중요한 내용이에요. 고구려에서는 소수림왕이, 신라에서는 법흥왕이 했지요. 법흥왕은 지금의 국방부에 해당하는 '병부'를 설치하기도 했어요.

법흥왕, 불교, 병부 모두 'ㅂ'이 들어가죠? **법흥왕-불교-병부** → **ㅂ-ㅂ-ㅂ**를 기억하세요!

지증왕 때 우산국을 정벌한 신라의 장군은?

정답: 이사부

11월 15일 체크 ✓

조선 혁명 선언

1923년에 신채호가 의열단 김원봉 단장의 부탁으로 만들어 준 선언문으로 의열단의 행동 지침이 됩니다. 일본을 강도로 규정하고 혁명으로 타도해야 한다는 내용으로, 민중 중심의 철저한 반일 민족해방 투쟁의 전개를 강조했지요.

신채호는 나중에 다시 한 번 이야기할 테지만, 우선 의열단의 행동 지침이 된 '조선 혁명 선언'을 신채호가 만들었다는 것을 꼭 기억해 주세요.

지침 방향과 목적 등을 가리켜 이끄는 길잡이나 계획을 말해요.

1919년에 김원봉이 중국 지린성에서 조직한 항일 무장 단체는?

정답: 의열단

2월 13일 체크

이차돈

신라 법흥왕 때의 신하이자 승려예요. 그가 자신의 목을 베어 목에서 흰 피가 나오면 불교를 인정해 달라고 했는데 목을 베자 정말 흰 피가 솟아났다는 설화가 전해지지요.

신라의 불교 공인은 한국사에서 참 중요한 사건입니다. 법흥왕 때 불교가 귀족들의 반대로 인정받지 못하다가 이차돈의 순교로 국가적 종교가 되었답니다.

순교 신앙을 지키기 위해 목숨을 바치는 일을 말해요.

불교를 공인하고 병부를 설치한 신라의 왕은?

정답: 법흥왕

11월 14일 체크 ✓

의열단

1919년 말에 중국 지린성에서 김원봉 단장이 조직한 항일 무장 단체예요. 일본 고위층의 암살이나 주요 건물의 파괴를 시도했어요. 대표적 의열단 단원으로 조선 총독부에 폭탄을 던진 김익상, 종로 경찰서에 폭탄을 던진 김상옥 등이 있어요.

 김원봉 단장이 이끈 의열단과 김구가 조직한 한인 애국단을 비교해서 알아 두어야 해요!

 **무장 단체** 전투에 필요한 장비를 갖춘 조직이나 단체를 말해요.

 (OX 퀴즈) 일본군 위안부의 가슴 아픈 희생이 있었던 것은 무단 통치 시기이다.

X : 답정

2월 14일 체크 ✓

화랑도

신라의 청소년 수련단체로, 우두머리인 화랑과 그를 따르는 낭도로 구성되어 있어서 화랑도라고 불렀지요. 삼국 통일의 명장 김유신, 황산벌 전투에서 끝까지 백제군을 향해 돌진했던 관창 등이 화랑 출신입니다.

청소년 단체였던 화랑도를 국가적 조직으로 개편한 왕이 중요합니다. 바로 신라의 전성기를 이끈 진흥왕이에요.

황산벌 전투 660년 황산벌(논산)에서 벌어진 백제와 신라의 전투로, 각 나라의 지휘관은 계백 장군과 김유신 장군이었어요.

신라 법흥왕 때의 승려로 순교를 통해 불교가 공인되도록 한 인물은?

이차돈 :답정

일본군 위안부

일본은 제2차 세계 대전 때 만주와 동남아시아를 점령했는데, 자신들의 전쟁에 조선의 젊은이까지 동원했어요. 일본은 남자뿐만 아니라 여자도 전쟁터로 끌고 갔어요. 여자들에게 취업시켜 준다고 속이거나 강제로 끌고 가 위안소에 가두고 일본 군인을 위한 위안부를 만들었어요.

일본군 위안부 또한 일제의 민족 말살 통치 시기에 일어난 일입니다.

동원 어떤 목적을 달성하고자 사람을 모으거나 물건, 수단, 방법 등을 집중하는 것을 말해요.

(OX 퀴즈)일제의 징용과 징병은 1920년대 문화 통치 시기에 행해졌다.

X : 民兪

2월 15일 체크

진흥왕

신라 24대 왕으로, 법흥왕의 동생이에요. 진흥왕은 고구려가 차지하고 있던 한강 유역을 빼앗고 신라의 전성기를 이끌었으며, 화랑도를 국가 조직으로 다시 편성했어요.

진흥왕은 한강 유역을 빼앗기 위해, 백제의 성왕과 연합했다가 나중에 성왕을 배신하고 한강을 독차지했어요. 이 내용이 한국사 시험에 정말 자주 나온답니다.

유역 강물이 흐르는 언저리를 말해요.

신라의 청소년 수련단체로 출발하여 국가적 조직으로 발전한 것은?

정답: 화랑도

11월 **12**일 체크 ✓

징용과 징병

1930년대 민족 말살 통치 시기에 일본은 중일 전쟁 같은 침략 전쟁을 벌였어요. 1941년에는 태평양 전쟁도 일으켰지요. 이렇게 잇달아 전쟁을 벌이자 병력과 물자가 부족해졌어요. 그러자 일본은 조선인을 강제로 끌고 가 일을 시켰지요. 이것을 징용이라고 하고, 강제로 모집하여 군대의 병사로 삼은 것을 징병이라고 해요.

징용을 통해 전쟁 물자를 만들게 하고, 징병을 통해 일본 군인이 되어 중국, 연합국과 싸우게 한 일 모두 1930년대 민족 말살 통치 시기에 일어난 일입니다.

물자 어떤 활동에 필요한 여러 가지 물건이나 재료를 말해요.

국민학교에서 초등학교로 명칭이 바뀐 것은 현대의 어느 정부 때인가요?

정답: 김영삼 정부

거칠부

신라 진흥왕 때 장군이에요. 어렸을 때는 승려로 여기저기 돌아다니며 견문을 넓혔다고 해요. 견문은 보고 듣고 해서 얻은 깨달음이나 지식이에요. 장군이 된 뒤에는 여러 전투에서 크게 활약하였고, 점점 높은 자리에 오르다가 신라의 가장 높은 관리인 상대등을 지냈어요. 『국사』라는 역사책을 썼어요.

백제의 전성기를 이끈 근초고왕 때 신하 고흥을 시켜 역사책 『서기』를 쓰게 했다는 얘기 앞에서 했지요? 진흥왕 역시 신라 전성기 왕이었기에 『국사』라는 역사책을 쓰게 했답니다.

근초고왕 때 고흥의 『서기』는 제주도의 두꺼운 고기 '근고기'로 암기했었죠. 진흥왕 때 거칠부의 국사는 **진거사(진흥왕 거칠부 국사)**로 외우세요!

신라 진흥왕은 한강 유역의 땅을 차지하기 위해 백제의 어느 왕과 연합했었나요?

정답 : 성왕

11월 11일 체크

국민학교

조선인을 위한 초등 교육 기관을 소학교라고 불렀는데, 일제가 민족 말살 통치 시기인 1941년에 소학교를 국민학교로 바꾸었어요. 국민학교는 '황국 신민'을 양성하는 학교라는 뜻이라고 해요.

여러분이 다니고 있는 초등학교가 1941년부터 1996년까지는 '국민학교'라고 불렸다는 사실을 꼭 알아 두세요. 여기에서의 '국민'은 일본의 백성이라는 뜻이에요. 그래서 1996년 김영삼 정부부터 초등학교로 바꾼 것이랍니다.

양성 가르쳐서 유능한 사람으로 길러 내는 것을 말해요.

일제가 우리에게 황국 신민 서사 암송을 강요한 것은 어떤 통치 시기인가요?

정답: 민족 말살 통치 시기

2월 17일 체크 ✓

진흥왕 순수비

진흥왕이 영토를 넓힌 후에, 그곳을 돌아보고 세운 비석들이에요. 현재까지 발견된 진흥왕 순수비는, 서울의 북한산비, 경상남도의 창녕비, 함경남도의 황초령비, 마운령비 이렇게 4개예요.

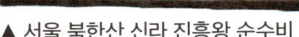
▲ 서울 북한산 신라 진흥왕 순수비

순수비 중 서울의 북한산비는 조선 후기 학자이자 추사체로 유명한 김정희에 의해 밝혀졌는데, 그전까지는 진흥왕 순수비임을 몰랐어요. 한국사 시험에 잘 나오니 꼭 기억하세요!

순수비 왕이 살피며 돌아다닌 것을 기념해 세운 비석을 말해요.

진흥왕의 명으로 역사책 『국사』를 편찬한 인물은?

정답: 거칠부

황국 신민 서사

1937년 일제가 만든 맹세로 조선인들에게 외워서 말하도록 강요했어요. 일본의 신민으로서 일본과 일본 왕에게 충성을 다하겠다는 내용인데, 이 선서는 조선인들을 일본의 왕에게 충성하는 국민으로 만들겠다는 황국 신민화 정책을 펼치기 위해 만든 것이지요.

조선 민족을 아주 없애버리려는 정책이었어요!

황국 신민 서사 암송 역시 일제의 민족 말살 통치 정책 중의 하나예요.

황국, 신민, 서사, 암송 황국은 황제의 나라인 일본을, 신민은 신하와 백성을 뜻해요. 서사는 맹세하는 말이고, 암송은 입으로 외우는 것이에요.

일제 강점기 민족 말살 통치 시기에 행해진 것으로, 일본식 성과 이름을 강요한 정책은?

정답: 창씨개명

2월 18일 체크

세속오계

신라 진평왕 때 원광법사가 지은 화랑의 규율인데, 다섯 가지가 있어요.

- 임금에게 충성할 것
- 부모님께 효도할 것
- 친구끼리 믿음을 가질 것
- 전쟁에서 물러서지 않을 것
- 함부로 산 것을 죽이지 않을 것

화랑도는 신라의 역사를 얘기할 때 매우 중요하게 다루어져요. 따라서 화랑이 지켜야 할 규율인 세속오계의 내용과 그것을 만든 사람, 모두 알아 두어야 해요!

규율 질서나 제도를 유지하기 위해 정해 놓은, 행동의 기준이 되는 규칙을 말해요.

북한산비가 신라 진흥왕의 순수비임을 밝혀낸 조선의 학자는?

정답: 김정희

11월 09일 체크 ✓

창씨개명

1940년에 조선 총독부가 강제로 조선인의 성명을 일본식으로 고치게 한 일이에요. 일본식 성명을 강요한 것이죠. 창씨개명을 하지 않으면 '불령선인'이라고 부르며 불이익을 주었다고 해요.

 신사 참배 강요와 마찬가지로 창씨개명도 대표적인 민족 말살 통치의 예입니다.

 **불령선인** 불량한 조선인이라는 뜻으로, 일제에 반대하는 사람들을 경멸하거나 차별할 때 사용하는 말이었어요.

 일제 강점기 중 신사 참배를 강요했던 시기는?

정답: 1930년대 이후 민족 말살 통치 시기

2월 19일 체크

무령왕릉

충청남도 공주시 송산리 고분군에서 발견된 백제 25대 무령왕과 그 왕비의 무덤이에요.

무령왕릉은 벽돌무덤인데, 중국 남조의 양나라 무덤 양식과 비슷해요. 당시에 중국과의 교류가 활발했음을 알 수 있으니 꼭 기억하세요. 그리고 하나 더! 무령왕릉은 삼국 시대 왕의 무덤 중에서 유일하게 주인을 알 수 있는 무덤이랍니다.

고분군 여러 고분(옛 무덤)이 모여 있는 지역을 말해요.

신라 승려 원광이 만든 화랑의 규율은?

정답: 세속오계

11월 08일 체크

신사 참배 강요

민족 말살 통치의 한 예로, 1930년대 조선 곳곳에 신사를 세운 뒤 조선인에게 참배를 강요한 것을 말해요. 신사는 일본 왕실의 조상이나, 토속 신을 모신 사당인데, 이것을 한반도 곳곳에 세워 두고 참배하며 일본 왕실에 대한 충성심을 강요했지요.

조선 민족의 정체성을 사라지게 하기 위한 민족 말살 통치의 대표적인 예가 일본의 신을 섬기라는 신사 참배 강요입니다.

참배 무덤, 또는 죽은 사람을 기념하는 기념비 등의 앞에서 절을 하거나 추모의 뜻을 나타내는 것을 말해요.

제2차 세계 대전 당시 추축국인 독일, 이탈리아, 일본에 맞서 싸운 나라들을 일컫는 말은?

정답: 연합국

2월 20일 체크

성왕

6세기에 활약한 백제의 26대 왕이에요. 수도를 웅진(공주)에서 사비(부여)로 옮기고 나라 이름을 남부여로 잠깐 바꾸기도 했어요. 또, 왜(일본)에 불교를 전해 주었다고 해요.

진흥왕이 배신하자 관산성을 공격했어요!

서쌤의 족집게

성왕은 한국사 시험에 정말 자주 나오는 인물이기 때문에 잘 알아 두어야 해요. 성왕은 신라 진흥왕과 힘을 합해 고구려가 차지하고 있던 한강 유역을 빼앗지만, 진흥왕의 배신으로 땅을 잃게 되자 관산성을 공격하다 사망합니다.

어휘 쑥쑥

관산성 충청북도 옥천에 있던 신라의 성으로, 백제와 신라의 국경이 만나는 곳이었다고 해요.

한능검 퀴즈

백제 무령왕릉의 무덤 양식은?

정답: 벽돌무덤

11월 07일 체크 ✓

연합국

제2차 세계 대전 당시, 전쟁으로 세계를 정복하려 한 일본, 이탈리아, 독일 등의 추축국에 대항하기 위해 연합한 국가를 말해요. 미국, 영국, 소련 등을 포함해 50여 개 국가가 참여했어요.

연합국이 추축국에 승리하게 되어 제2차 세계 대전이 끝나게 되었어요. 이때 일본이 항복함으로써 1945년 8월 15일 우리나라는 해방을 맞이하게 되지요.

추축국 제2차 세계 대전 당시 연합국과 싸웠던 나라들(일본, 독일, 이탈리아)이 형성한 국제 동맹을 말해요.

일제의 식민 통치 방식을 시기순으로 배열하세요.

정답: 1910년대 무단 통치 - 1920년대 문화 통치 - 1930년대 이후 민족 말살 통치

2월 21일 체크

무왕

백제의 30대 왕으로 왕권을 강화하고 신라와 전쟁을 벌여 백제의 영토를 넓히는 데 힘썼어요. 신라 진평왕의 셋째 딸인 선화공주와의 사랑 이야기(서동 설화)의 주인공으로도 유명하지요. 진평왕은 신라 26대 왕으로 선덕여왕의 아버지예요.

무왕은 수도를 옮기지는 않았지만, 익산을 무척 좋아했던 왕인 것 같아요. 익산에 미륵사라는 절을 짓고 석탑도 세웠는데, 지금은 절터와 탑이 남아 있어요.

친구들, 백 가지가 해롭고 유익한 건 없을 때 백해무익하다고 해요. **백제무익**(**백**제 **무**왕은 **익**산을 좋아했다)으로 외워 보세요.

백제 성왕은 나라 이름을 잠깐 무엇으로 바꾸었나요?

정답: 남부여

11월 06일 체크 ✓

민족 말살 통치

1930년대 이후 일제의 식민 통치 방식으로, 조선 민족의 정체성을 사라지게 하여 일본이 치르고 있던 중일 전쟁과, 태평양 전쟁에 협력하도록 만들려고 했어요. 중일 전쟁은 1937년에 일본이 중국 본토를 정복하려고 일으킨 전쟁이고, 태평양 전쟁은 1941년부터 1945년까지 일본과 연합국 사이에 벌어진 전쟁이에요.

일제 강점기 일본의 통치 방식은 시기별로 구분해서 알아 두어야 해요. 1910년대 무단 통치, 1920년대 문화 통치, 1930년대 이후 민족 말살 통치. 민족 말살 통치의 구체적 예는 앞으로 며칠에 걸쳐 알아볼 거예요.

정체성 변하지 않는 본질적인 성질을 말해요.

광주 학생 항일 운동이 일어났을 때 진상 조사단을 파견한 단체는?

정답: 신간회

2월 22일 체크 ✓

서동 설화

훗날 백제 무왕이 된 서동의 설화예요. 서동은 신라의 선화공주를 사랑해서 아이들에게 마를 나누어 주며 선화공주가 서동을 좋아한다는 노래를 부르게 했죠. 결국 왕실에서 쫓겨난 선화공주는 서동과 결혼했다고 해요.

서동 설화는 설화이기 때문에 정확한 역사는 아니지만, 백제 무왕과 관련 있는 이야기임을 알아 두어야 해요. 그리고 하나 더! '서동요'는 서동 설화에서 신라 아이들이 부른 노래예요.

마 고구마와 비슷하게 생겼으며, 아삭한 식감에 씹으면 끈적한 즙이 나오는 뿌리채소예요.

백제 무왕이 익산에 지은 절은?

정답: 미륵사

11월 05일 체크 ✓

광주 학생 항일 운동

1929년 광주에서 시작되어 전국으로 퍼진, 3·1 운동 이후 최대 규모의 항일 운동이에요. 통학 기차 안에서 일본 학생들이 조선 여학생의 댕기 머리를 잡아당긴 사건을 계기로 시작된 운동입니다.

 일본 학생들의 잘못으로 시작된 사건인데 일본 경찰은 조선의 학생들만 체포합니다. 그러자 신간회를 비롯한 여러 단체들이 진상 조사단을 파견하고 지원하면서 항일 운동은 전국적으로 확대되었어요. 한국사 시험 단골 출제 내용입니다.

 광주 학생 항일 운동은 광주에서 일어났으니 9앙주→1929년, 이렇게 외워 볼까요! 6·10 만세운동→1926년, 9앙주 학생 항일 운동→1929년!

 1927년에 사회주의 세력과 민족주의 세력이 협력해서 만든 독립 운동 단체는?

정답: 신간회

2월 23일 체크 ✓

익산 미륵사지 석탑

전라북도 익산 미륵사 터에 있는 돌로 만든 탑이에요. 미륵사는 익산을 사랑한 백제 무왕이 세운 절인데. 지금은 절은 사라지고 그 자리에 석탑만 남아 있어요.

미륵사지 석탑은 현재 우리나라에 있는 석탑 중에서 가장 오래되고 큰 탑이에요. 그리고 탑을 수리하는 과정에서 발견된 유물들은 한국사에서 참 소중한 자료가 되었답니다.

터 집이나 건물을 지었거나 지을 자리를 말해요.

서동 설화와 서동요의 주인공인 백제의 왕?

왕무 : 답정

11월 04일 체크

신간회

1927년에 사회주의 세력과 민족주의 세력이 협력해서 만든 독립운동 단체예요. 정치, 경제적으로 외국의 간섭에서 벗어나고, 기회주의에 반대하며, 우리 민족끼리 단결해야 한다는 게 기본 입장이었다고 해요.

3·1 운동 이후 사회주의 사상이 퍼지면서 독립운동가 중에서도 사회주의 세력이 생겼지요. 원래부터 민족의 독립을 가장 중요한 일로 생각하던 독립운동가들은 민족주의 세력이라고 불렸어요. 두 세력은 생각이 달라 대립하기도 했어요.

6·10 만세 운동 때 사회주의와 민족주의 세력 간의 협력 가능성을 보았고, 그것을 계기로 1927년에 신간회가 창립되었어요. 내일 배울 광주 학생 항일 운동과 함께 한국사 시험에 정말 많이 나오니 꼭 알아 두세요.

1926년 순종의 장례식에 맞추어 일어난 민족 운동은?

정답: 6·10 만세 운동

살수대첩

612년 살수(청천강)에서 고구려와 중국의 수나라 사이에 벌어진 전투로 을지문덕 장군이 이끄는 고구려 군대가 우중문의 수나라 군대를 크게 무찔렀어요.

7세기의 고구려는 중국의 수나라, 당나라와 자주 전투를 하게 됩니다. 그중 수나라와 싸워서 크게 이긴 전투가 을지문덕 장군의 살수대첩인 것이죠.

을지문덕 고구려 영양왕 때의 뛰어난 장수로, 612년 수나라 양제가 백만 대군을 거느리고 고구려를 침략했을 때 살수에서 크게 무찌르는 공을 세웠어요.

현재 우리나라에 있는 석탑 중 가장 오래되고 큰 것은?

정답: 익산 미륵사지 석탑

11월 03일 체크 ✓

6·10 만세 운동

1926년 6월 10일, 순종의 장례식에 일어난 학생 중심의 독립 만세 운동이에요. 일제의 식민 통치에 반대하는 만세 운동은 우리나라 독립운동의 특징이기도 해요. 3·1 운동 이후 전국적인 만세 운동을 계획하던 학생들은 순종의 장례 행렬을 따라가며 만세 시위 운동을 펼쳤지요.

1919년 고종의 장례식 때 일어난 3·1 운동과 1926년 순종의 장례식 때 일어난 6·10 만세 운동을 비교해서 알아 두세요.

6·10 만세 운동, 1926년에 일어났어요!

간도 참변, 봉오동 전투, 청산리 대첩을 일어난 순서대로 배열하세요.

정답: 봉오동 전투-청산리 대첩-간도 참변

2월 25일 체크 ✓

진평왕의 걸사표

고구려와 백제 두 나라의 공격을 받던 신라 진평왕은 수나라에게 군사 지원을 요청합니다. 왕의 명령을 받은 원광 스님은 걸사표를 보냈고, 그것을 받아들인 수나라는 고구려에 군대를 보내 공격했어요. 당시 수나라는 고구려, 백제, 왜가 연합해 있는 것에 부담을 느끼고 있었거든요.

고구려를 공격한 수나라의 군대는 어떻게 되었을까요? 놀랍게도 어제 공부한 을지문덕 장군에게 살수에서 크게 패하게 됩니다. 정말 거미줄처럼 삼국의 역사가 얽혀 있지요? 이래서 역사가 어려우면서도 재미있는 것 같아요!

걸사표 군사 지원을 요청하는 문서예요.

을지문덕 장군이 살수대첩을 통해 무찌른 중국의 나라는?

정답: 수나라

11월 02일 체크

간도 참변

1920년 말, 일본이 우리 독립군을 토벌한다는 명목으로 간도 지방의 일반 백성들을 무차별하게 마구 죽인 사건을 말해요. 일본은 봉오동과 청산리 전투에서 크게 패하며 큰 타격을 입은 뒤 만주에 있는 독립운동 근거지를 완전히 없애기 위해 이런 무자비한 보복을 했어요.

간도 참변은 봉오동 전투와 청산리 대첩에서 잇따라 패한 일본이 보복하기 위해 저지른 만행입니다. **봉오동 전투-청산리 대첩-간도 참변**, 사건이 일어난 순서와 내용을 정확히 알아 두세요.

토벌과 만행 토벌은 무력으로 쳐 없애는 것을, 만행은 야만스러운 행동을 말해요.

김좌진 장군의 북로 군정서가 중심이 되어 백운평, 완루구, 어랑촌 등에서 일본군을 크게 무찌른 전투는?

정답: 청산리 대첩

연개소문의 정변

연개소문은 고구려의 장군으로 최고 계급인 대막리지까지 오른 인물이에요. 642년 고구려 영류왕 때 왕과 귀족들이 연개소문을 죽이려 하자 오히려 반란을 일으켜 영류왕을 죽이고 영류왕의 조카인 보장왕을 새로운 왕으로 삼았지요. 이 사건을 '연개소문의 정변'이라고 해요. 고구려를 공격할 구실을 찾던 당 태종은 영류왕의 원수를 갚는다는 명분을 내세워 645년 고구려를 침략합니다.

연개소문은 이 정변을 통해 고구려의 실질적인 지배자가 됩니다! 600년대 중·후반의 사건들은 한국사 시험에서 아주 중요하게 다뤄지며, 또 아주 어렵게 출제됩니다. 그러니 미리미리 알아 두면 나중에 공부하기 쉬울 거예요.

정변 무력으로 정권을 빼앗는 등 비합법적인 수단으로 생긴 정치상의 큰 변동을 말해요.

수나라에 군사를 요청하는 걸사표를 지어 보낸 신라의 승려는?

원광 : 光圓

청산리 대첩

1920년 만주 간도 지역(중국 지린성 동남부 지역)에서 김좌진 장군의 북로 군정서와 대한 독립군 등 독립군 연합이 두만강 상류의 청산리에서 일본군을 크게 무찌른 전투를 말해요.

청산리 대첩은 봉오동 전투 후에 일어났고, 김좌진 장군의 북로 군정서가 중심이 되었다는 사실을 기억하세요. 그리고 청산리 대첩은 한 번의 전투가 아닌 백운평, 완루구, 어랑촌 전투 등 10여 차례의 전투를 모두 합해서 얘기한다는 것도 알아 두세요.

북로 군정서 3·1운동 이후 만주 왕칭현에서 조직된 무장 독립운동 단체로 김좌진 장군이 총사령관이었어요.

봉오동 전투를 승리로 이끈 대한 독립군의 총사령관은?

정답: 홍범도 장군

2월 27일 체크

안시성 전투

645년 안시성에서 고구려가 당나라 군대에 맞서 수개월 동안 벌인 전투예요. 안시성 전투는 꽤 오랫동안 이어졌는데, 성주와 백성들은 힘을 모아 끈질기게 싸웠어요. 그 결과 당시 세계 최강이라고 불리던 당의 군대를 물리쳤지요.

수나라에 이어 중국을 지배한 당나라도 고구려를 침략하는데, 그 대표적 싸움이 안시성 전투예요. 고구려는 안시성에서 당나라를 물리쳤지만, 수에 이어 당나라와 연이어 전쟁을 한 까닭에 국력이 약해졌어요.

역사적 사건들의 연도는 알아 두면 좋은 경우가 꽤 있어요. 안시성 전투에서 고구려 군사들이 **육체**를 바쳐서 **싸웠다. 645년** 꼭 기억하세요!

연개소문의 정변으로 왕위에 오른 고구려의 마지막 왕은?

정답 : 보장왕

일제 강점기 광복을 위한 노력

2월 28일 체크

보장왕

고구려의 28대 왕이자 마지막 왕이에요. 연개소문의 정변으로 왕위에 오른 보장왕은 실제로는 왕 역할을 하지 못했고, 허수아비 같은 존재였어요. 연개소문이 죽은 뒤 그의 아들들이 권력 다툼을 하며 고구려는 더욱 혼란스러워졌지요. 결국 668년, 나당 연합군과의 전투에서 패한 고구려는 보장왕 때 멸망한답니다.

고구려가 항복한 뒤 당나라는 평양에 안동 도호부를 설치하고 고구려를 다스렸어요. 고구려 백성들은 당나라에 맞서며 고구려를 되찾으려는 부흥 운동을 10여 년 넘게 펼쳤지요.

고구려의 마지막 왕은 고구려를 끝까지 **보장**하지 못했던 **보장왕**!

645년 고구려가 당의 군대를 물리친 전투는?

정답: 안시성 전투

10월 31일 체크

봉오동 전투

1920년 중국 지린성의 봉오동에서 홍범도 장군이 이끄는 대한 독립군과 독립군 연합이 일본군을 무찌른 전투예요. 독립군이 봉오동 골짜기에서 일본군을 기습 공격해 크게 승리한 전투로 일본군은 큰 피해를 입었고, 독립군은 이 전투의 승리로 기세가 크게 올랐어요.

1920년대 독립군의 무장 투쟁 중 제일 먼저 일어난 전투가 봉오동 전투였고, 홍범도 장군이 이끄는 대한 독립군이 참여한 전투라는 사실을 잘 알아 두세요.

대한 독립군 만주 지역에서 활동한 항일 독립군 부대로, 1919년 홍범도를 총사령관으로 하여 400여 명의 독립군을 모집했어요.

1920년대 조만식 등에 의해 물산 장려 운동이 시작된 지역은?

정답: 평양

3월

삼국 시대 ②

10월 30일 체크

물산 장려 운동

1920년대에 일어난 운동으로, 일본 제품 말고 우리 기업이 만든 제품을 사용하자는, 한마디로 국산품 애용 운동입니다. 나라의 주권을 빼앗긴 뒤 조선에는 일본 제품이 많이 들어왔고, 그 결과 민족 산업이 어려워지게 되자 일어난 민족 경제 자립 운동이지요.

물산 장려 운동과 국채 보상 운동을 비교하는 문제가 시험에 자주 나와요. 물산 장려 운동은 1920년대 평양에서 조만식이 처음 시작했고, 국채 보상 운동은 1907년 대구에서 서상돈이 시작했다는 사실을 꼭 알아 두세요.

국채 보상 운동은 돈을 갚자→서상돈 기억하시죠? **물산 장려 운동**은 ㅁㅅ으로 외워 보세요. 물산→조만식

3·1 운동 이후 체계적인 독립운동과 민주 공화국 수립의 필요성을 느껴 상하이에 수립된 것은?

정답: 대한민국 임시 정부

3월 **01**일 체크 ✓

골품 제도

신라의 신분 제도로 혈통에 따라 신분 상승에 제한을 두었어요. 가장 높은 계급은 왕이 될 수 있는 성골, 그다음은 최고 관직까지 올라갈 수 있는 귀족인 진골, 그 아래로 6두품부터 1두품까지 총 8개 계급으로 나누었지요.

골품 중 최고 신분은 성골!

서쌤의 족집게

골품의 신분은 대대로 이어져 바꿀 수 없었고, 재능이 뛰어나도 신분이 낮으면 높은 관직에 오를 수 없었지요. 결혼도 같은 신분의 사람끼리 했고 집의 크기나 사용하는 그릇, 옷차림 등 일상생활에까지 영향을 미쳤어요.

콕콕 암기

진짜인 것보다 더 높은 것은 **성스러운** 것 아닐까요! 이렇게 외우세요. **성골 > 진골 > 6두품 > 5두품 > 4두품 > 3두품 > 2두품 > 1두품**

한능검 퀴즈

정변을 일으켜 영류왕을 내려오게 하고 보장왕을 즉위시킨 고구려 장수는?

정답: 연개소문

10월 29일 체크 ✓

대한민국 임시 정부

3·1 운동을 계기로 독립운동가들이 1919년 4월 11일에 중국 상하이에 세운 임시 정부예요. 일제의 식민 통치에 맞서 체계적인 독립운동을 주도하고, 민주 공화국을 설립하기 위한 목적이었지요. 1919년 9월 11일에는 서울의 한성 정부와 블라디보스토크의 대한 국민 의회까지 합해져서 통합된 임시 정부가 되었어요.

대한민국 임시 정부 수립의 계기가 된 것이 3·1 운동이라는 것을 꼭 기억하세요.

민주 공화국 주권이 국민에게 있고 주권을 움직이거나 쓸 때 국민의 의사에 따라 이루어지는 나라예요.

일본의 쌀 부족 현상을 해결하기 위해 1920년대 시작한 일제의 계획은?

정답: 산미 증식 계획

3월 02일 체크 ✓

화백 회의

신라의 귀족들이 모여 중요한 정책을 결정하는 회의로, 고대 국가의 모습을 갖춰 가는 신라 초기에는 만장일치제였다고 해요. 화백 회의의 우두머리는 상대등입니다. 귀족의 권한이 강하고 왕권이 약하면 상대등의 권한이 강해지고, 반대로 왕권이 강하면 상대등의 권한이 약해졌지요.

 **서쌤의 족집게**
화백 회의는 만장일치제가 특징이었는데, 이웃 나라의 귀족 회의인 백제의 정사암 회의와 고구려의 제가 회의는 다수결인 것도 알아 두세요.

 **어휘 쑥쑥**
만장일치 모든 사람의 의견이 같음을 말해요.

 **한능검 퀴즈**
신라의 폐쇄적인 신분 제도는?

정답: 골품 제도

10월 28일 체크 ✓

산미 증식 계획

일제가 1920년대부터 시작한 것으로, 조선에서의 쌀 생산량을 증가시키기 위한 계획이에요. 일본에서 쌀 생산량이 줄자 일본에 필요한 쌀을 조선에서 생산한 쌀로 해결하려고 쌀 생산량을 늘리는 계획을 세운 것이지요.

서쌤의 족집게
땅-쌀-다! 기억나시죠? 1920년대 문화 통치 시기에 쌀을 빼앗아 간 산미 증식 계획이 시작되었다는 것을 꼭 기억하세요.

어휘 쑥쑥
산미와 증식 산미는 농사지은 쌀을 말하고, 증식은 늘려서 많게 하는 것을 말해요.

한능검 퀴즈
1924년 일제가 민립 대학 설립 운동을 방해하기 위해 세운 관립 대학은?

정답: 경성 제국 대학

선덕여왕

신라의 27대 왕이며 한국사 최초의 여왕이에요. 첨성대, 분황사 모전 석탑, 황룡사 9층 목탑 등의 건축물이 모두 선덕여왕 때 만들어졌답니다.

골품 제도에 따르면 성골 출신 남자만이 왕이 될 수 있었어요. 그런데 진평왕에게 아들이 없었기에 맏딸인 선덕여왕이 왕이 된 것이지요. 선덕여왕은 자식이 없었기 때문에 사촌 여동생 진덕여왕이 그다음 왕이 되었어요.

성골 골품의 첫째 등급으로, 부모가 모두 왕족인 사람이에요. 시조 박혁거세부터 28대 진덕여왕까지가 여기에 속합니다.

신라 귀족 회의의 이름은?

정답: 화백 회의

10월 27일 체크

경성 제국 대학

일제 강점기 문화 통치 시기인, 1924년 일제가 세운 대학이에요. 이 학교에는 정치·경제·이공 등의 학부는 설치되지 않았고, 일제의 식민 통치에 이용할 수 있는 법문학부·의학부만 우선 설치했어요. 전체 학생과 교수 가운데 조선인이 차지하는 비율도 일본인에 비해 낮았다고 해요.

경성 제국 대학은 당시 독립운동가들이 조선 민족의 실력 양성을 위해 벌이던 민립 대학 설립 운동을 방해하고자 조선 총독부가 세운 관립 대학이라는 사실을 꼭 알아 두세요.

관립 국가 기관에서 세우는 것을 말해요.

(OX 퀴즈) 민립 대학 설립 운동은 통감부의 방해로 중단되었다.

X : 답정

자장

신라의 승려로 선덕여왕에게 황룡사 9층 목탑을 세울 것을 제안했어요.

신라와 고려의 승려는 한국사 시험에서 아주 중요하게 다루는 분야입니다. 앞으로도 꽤 많은 승려가 나오게 될 거예요. 자장 스님도 이름은 중국 음식 같지만, 한국사 시험에 자주 등장하는 분이니 반드시 알아 두세요.

황룡사 신라 진흥왕 때 경주 월성 동쪽에 궁궐을 짓고 있었는데, 그곳에서 황룡이 나타났다는 말을 듣고 절로 고쳐 지었다고 해요.

첨성대와 분황사 모전 석탑은 어느 왕 때 지어졌나요?

정답: 선덕여왕

10월 26일 체크 ✓

민립 대학 설립 운동

무단 통치에서 문화 통치로 바뀐 1920년대에 조선인의 손으로 대학을 설립하기 위해 노력한 운동이에요. 우리 국민 한 사람, 한 사람이 스스로 힘을 길러야 나라의 독립을 찾을 수 있다고 생각한 민족 지도자들이 벌인 운동 중 하나이지요.

실력을 키워야 독립도 할 수 있다고 생각했지요!

서쌤의 족집게
고등 교육을 통해 조선 민족의 실력을 기르기 위한 운동 중 하나였던 민립 대학 설립 운동은, 그것을 정치 운동으로 여긴 조선 총독부의 탄압과 방해로 결국 성공하지 못합니다.

어휘 쑥쑥
민립 민간이 기관이나 공공시설을 세우고 운영하는 것이에요.

한능검 퀴즈
1920년대 문화 통치 시기의 일제의 경찰 제도는?

정답: 보통 경찰제

대야성 전투

642년 신라의 대야성에서 벌어진 백제와 신라의 싸움이에요. 백제 의자왕이 보낸 윤충 장군이 신라의 대야성을 함락시켰는데, 이때 성주인 김품석과 그의 아내이자 김춘추의 딸인 고타소가 사망하지요. 딸과 사위를 잃은 김춘추는 복수의 칼을 갈았고, 훗날 백제를 멸망시킵니다.

대야성 전투는 한국사 시험에서 자주 등장하는 중요한 사건이에요. 왜냐하면 이 사건 이후로 신라가 삼국을 통일하는 과정을 밟게 되거든요. 앞서 말했던 연개소문의 정변도 642년에 일어납니다.

김춘추의 사위가 죽게 된 대야성 전투의 연도를 알아 두면 좋아요.
사위(42)가 죽었죠 → 642년!

선덕여왕에게 황룡사 9층 목탑을 세울 것을 건의한 인물은?

정답: 자장율사

10월 25일 체크

문화 통치

3·1 운동 이후 일제가 무단 통치 대신에 채택한 통치 방식이에요. 3·1 운동을 통해 드러난 조선 민족의 저항 정신과 나빠진 세계 여론을 덮기 위해 일제는 식민 통치 방식을 바꾸었어요. 이름만 보면 무단 통치보다 훨씬 부드러울 것 같지만, 실제로는 조선인을 교묘하게 감시하고 탄압하는 통치 방식이었어요.

문화 통치로 바뀌며 헌병 경찰제가 폐지되고 보통 경찰제가 시행되지만, 경찰의 수가 세 배 늘어났고, 언론과 출판의 자유를 보장하는 대신 철저한 검열로 계속 통제했답니다.

검열 언론, 출판, 보도, 연극, 영화, 우편물 등의 내용을 사전에 심사하여 그 발표를 통제하는 일이에요.

(OX 퀴즈) 3·1 운동의 영향으로 대한민국 임시 정부가 수립되었다.

정답: O

의자왕

백제의 31대 왕이자 마지막 왕이지요. 많은 사람들이 의자왕을 무능하고 방탕한 사람으로만 생각하기도 하는데, 사실 의자왕은 집권 중반부까지는 상당히 많은 일을 해낸 개혁 군주였습니다. 그 대표적인 일 중 하나가 어제 공부한 대야성 전투의 승리예요.

대야성 전투에 의자왕이 보낸 장군의 이름은? 윤충이지요. 예전에 고구려 고국천왕의 진대법은 누가 건의했다고 했지요? 네, 을파소라는 신하죠. 어떤 일의 실무자와 그때의 왕은 함께 알아두면 좋아요.

대야성 전투-의자왕-윤충, 진대법-고국천왕-을파소. 꼭꼭 기억하세요!

김춘추의 사위가 죽은 대야성 전투는 언제 일어났죠?

정답: 642년

10월 24일 체크 ✓

민족 대표 33인

3·1 운동 때 우리 민족을 대표하여 독립 선언서에 서명한 33인의 인물을 말해요. 종교별로 대표자를 선정했는데, 이승훈을 비롯한 기독교 16인, 손병희 포함 천도교 15인, 한용운 등의 불교 2인이에요.

민족 대표 33인은 '3·1 독립 선언서'에 서명을 했지만, 1919년 3월 1일, 탑골 공원에서의 실제 낭독은 학생들이 중심이 되었다고 해요.

3·1 독립 선언서 3·1 운동 때 민족 대표 33인이 조선이 독립한 나라이고 조선 사람이 자주적인 민족임을 국내외에 선언한 글이에요.

3·1 운동은 누구의 장례일에 맞추어 일어났나요?

정답 : 高宗

3월 07일 체크

김춘추

신라 제29대 왕인 태종무열왕이에요. 선덕여왕 때부터 신하로서 나라일을 했지만, 왕이 될 수 없는 진골 출신이었지요. 28대 왕인 진덕여왕도 아들이 없었기 때문에 왕위에 올랐어요. 성골이 아닌 진골 출신 최초의 왕입니다.

김춘추(태종무열왕)는 신라의 삼국 통일을 시작한 사람이에요. 주의할 것은 삼국 통일의 과정 중 백제 멸망까지만 김춘추이고, 다음 과정인 고구려 멸망, 나당 전쟁 승리는 그의 아들 문무왕이라는 사실입니다.

진골 골품 제도 중 성골 다음 계급으로, 성골과 함께 신라 사회를 지배했으며, 대부분 왕족 출신이라고 해요.

백제 의자왕의 명을 받아 642년에 신라 대야성을 함락한 장군은?

윤충: 답정

3·1 운동

일제의 무단 통치에서 벗어나기 위해 1919년 3월 1일에 시작되어 전국으로 퍼진 만세 운동이에요. 만세 시위가 확산되자 일제는 군대를 동원해 강하게 진압했고, 그 과정에서 많은 조선인이 죽거나 감옥에 갇혔어요. 이화 학당의 학생 유관순도 고향에서 만세 시위를 하다 체포되어 감옥에서 죽었지요.

3·1운동이 사람들이 많이 모이는 고종 황제의 장례일에 시작되었다는 것, 대한민국 임시 정부의 수립과 일제의 통치 방식이 문화 통치로 변화하는 데 영향을 주었다는 사실이 한국사 시험에 정말 많이 출제됩니다.

유관순 이화 학당에 다니다 3·1 운동이 일어나자 고향인 천안으로 내려가 아우내 장터에서 만세 운동을 일으켰어요. 일본 경찰에게 잡혀 고문을 받으며 감옥살이를 하다 세상을 떠났어요.

미국 윌슨 대통령이 주장한 사상으로 3·1운동에 영향을 준 것은?

정답: 민족 자결주의

3월 08일 체크

김유신

신라가 삼국을 통일하는 데 큰 공을 세운 장군이에요. 금관가야 왕족의 후손인데, 법흥왕 때 금관가야가 신라에 속하게 되자 신라로 망명하여 15세에 화랑이 되었답니다. 태종무열왕 김춘추 부인의 오빠이기도 해요.

◀ 김유신의 묘

선덕여왕 때 비담과 염종이라는 사람이 난을 일으키는데 이것을 김유신 장군이 진압해요. 이외에도 여러 전투에서의 승리와 삼국 통일의 공이 컸던 김유신은 죽은 후에 왕이 아니었는데도 '흥무대왕'이라고 불렸답니다.

비담, 염종의 난 진압과 **흥무대왕**이라는 이름은 한국사 시험에 출제되고 매우 어려운 김유신 관련 내용이니 잘 기억해 두세요.

신라 왕 중 최초의 진골 출신은?

정답 : 태종무열왕(김춘추)

민족 자결주의

제1차 세계 대전이 끝날 무렵 미국 대통령 윌슨이 발표한 것으로 각 민족은 정치적 운명을 스스로 결정할 권리가 있으며 다른 민족의 간섭을 받을 수 없다는 내용이에요. 강대국의 부당한 지배를 받던 식민 국가들이 자신들의 나라를 세우는 데 많은 영향을 주었어요.

민족 자결주의에 영향을 받아 일어난 운동이 바로 3·1 운동이랍니다.

토머스 우드로 윌슨 미국의 28대 대통령으로, 1919년 노벨 평화상을 받았어요.

1913년 미국 샌프란시스코에 민족 운동 단체인 흥사단을 조직한 인물은?

정답: 안창호

3월 09일 체크

금동 미륵보살 반가 사유상

삼국 시대에 금동으로 만들어진 불상으로, 부처가 반가부좌를 틀고 생각하고 있는 모양이에요. 삼국 시대에 우리가 얼마나 뛰어난 예술품 제조 기술을 가지고 있었는지 증명해 주는 중요한 문화재입니다.

일본의 절 고류사에는 목조 미륵보살 반가 사유상이 있는데요, 우리의 금동 미륵보살 반가 사유상과 너무도 똑같이 생겼어요. 이를 통해 우리의 불상 제조 기술이 일본으로 전해졌다는 것을 알 수 있지요.

반가부좌 한쪽 다리를 구부려 다른 쪽 다리의 허벅다리 위에 올려놓고 앉는 자세예요.

사망 후에 '흥무대왕'이라는 호칭으로 불리며 신라인의 존경을 받은 인물?

정답: 김유신

흥사단

1913년 안창호가 미국 샌프란시스코에 만든 민족 운동 단체예요. 일제의 괴롭힘에 해체된 신민회의 뜻을 이어 만들었다고 해요.『흥사단보』라는 기관지를 만들어 흥사단 소식을 전하며 국민들의 계몽에 힘썼어요.

흥사단이 미국에서 조직된 민족 운동단체라는 점과 독립운동 자금 모집과 민족 계몽 운동에 최선을 다했다는 사실을 알아 두세요.

안창호 조선 말기와 일제 강점기의 독립운동가이자 교육자로, 호는 '도산'이에요.

(OX 퀴즈)1910년대 무단 통치 시기에 태형은 조선인에게만 적용되었다.

O : 답정

3월 10일 체크 ✓

금동 연가 7년명 여래 입상

고구려의 불상으로 광배 뒤에 '연가 7년'으로 시작하는 47개의 글자가 새겨져 있어요. 국보 119호로 지정된 아름다운 문화재랍니다. 연가는 고구려 안원왕 때의 연호로 추정하고 있어요.

이 불상의 가장 큰 특징은 광배가 있고, 그 뒤에 연가 7년으로 시작하는 글씨가 새겨져 있다는 거예요. 그런데 나중에 배울 발해의 '이불병좌상'에도 광배가 있답니다. 발해의 문화가 고구려의 영향을 받았다는 것을 알 수 있지요.

광배 그림이나 조각에서 인물의 성스러움을 드러내기 위해 머리나 등 뒤에 빛을 표현한 것이에요.

우리 조상의 뛰어난 예술품 제조 기술을 증명하는 문화재로서 일본 고류사 목조 미륵보살 반가 사유상에 영향을 준 것은?

정답: 금동 미륵보살 반가 사유상

조선 태형령

1910년대 무단 통치 시기에 일제가 조선인에게만 태형을 적용하도록 한 명령이에요. 태형은 몽둥이로 사람을 때리는 형벌로 매우 고통스러운 벌이어서 갑오개혁 때 폐지가 논의될 정도였어요. 그런 태형을 일제가 다시 조선인에게 재판도 없이 행한 것이지요.

1910년대 무단 통치 시기에 태형이 있었고, 조선인에게만 적용되었다는 사실을 반드시 알아 두세요.

태형 죄인의 볼기를 몽둥이로 치던 형벌이에요.

토지 조사 사업은 일제 강점기 중 몇 년대에 행해졌나요?

정답: 1910년대

3월 11일

 체크 ✓

서산 용현리 마애 여래 삼존상

충남 서산 용현리에 있는 산의 바위에 새겨진 백제의 조각 작품이에요. 여래는 부처를 말하고 마애는 돌벽에 글자나 그림, 불상을 새기는 것을 말하죠. 국보 제84호로 지정될 만큼 역사적으로 중요한 작품이에요.

삼존상의 뜻은 가운데 부처를 중심으로 양쪽에 부처나 보살이 있는 불상을 부르는 말이에요. 서산 용현리 마애 여래 삼존상의 세 불상은 모두 미소를 머금고 있어 '백제의 미소'라 불린답니다.

서산 용현리 마애 여래 삼존상은 백제의 미소로 기억하세요!

금동 연가 7년명 여래 입상은 어느 나라의 문화재인가요?

정답: 고구려

10월 19일 체크

토지 조사 사업

1910년대 무단 통치 시기에 일제가 우리의 땅을 빼앗기 위해 벌인 사업이에요. 신고하지 않은 땅, 주인이 누군지 모르는 땅을 총독부 소유로 만들었어요. 그 결과 우리나라의 많은 농민들은 비싼 토지 사용료를 내고 농사를 지어야 했어요.

땅을 빼앗기 위해 먼저 토지를 조사했어요!

일제는 1910년대 무단 통치 시기에는 주로 조선의 땅을, 1920년대 문화 통치 시기에는 쌀을, 1930년대 이후 민족 말살 통치 시기에는 거의 대부분의 것들을 빼앗아 갔어요.

땅-쌀-다! 로 기억하세요. 1910년대 **땅**, 1920년대 **쌀**, 1930년대 **다!**

군사 경찰이 일반 경찰의 업무까지 담당했던 1910년대 일제의 경찰 제도는?

정답: 헌병 경찰제

3월 12일 체크

정림사지 5층 석탑

백제의 세 번째 수도 부여(사비)에 있는 목탑 양식의 석탑으로 국보 제9호로 지정된 중요한 문화유산이에요. 이 석탑은 익산의 미륵사지 석탑과 함께 지금까지 남아 있는 단 두 개의 백제 석탑이에요.

서쌤의 족집게: 부여 정림사지 5층 석탑에는 당나라 장수 소정방이 백제를 멸망시킨 후, 기념으로 자신의 업적을 글로 새겨 놓았어요. 그래서 이 석탑은 '평제탑'이라고도 불립니다.

콕콕 암기: 평제탑→정림사지 5층 석탑, '평정했다 백제를'이라는 글이 있는 탑!

한능검 퀴즈: 백제의 미소라 불리는 조각 작품은?

정답: 서산 용현리 마애 여래 삼존상

헌병 경찰제

1910년대 일제의 무단 통치 시기의 경찰 제도로, 헌병이 군사 경찰뿐만 아니라 일반 경찰의 업무까지 담당한 것을 말해요. 헌병은 군대에서 경찰 역할을 하는 군인이에요.

일제 강점기는 크게 세 시기로 나눌 수 있어요. 1910년대 무단 통치, 1920년대 문화 통치, 1930년대 이후 민족 말살 통치. 구분해서 알아 두세요.

무단 무력이나 억압을 써서 강제로 행하는 것을 말해요.

일제 강점기인 1910년부터 1945년까지 일제가 조선을 통치하기 위해 설치한 기구는?

정답: 조선 총독부

3월 13일 체크

백제 금동 대향로

충남 부여 능산리에서 발견된 백제의 향로로 국보 제287호로 지정된 아름다운 공예품이에요. 향을 피우는 작은 화로에 용, 연꽃, 봉황, 신선 등이 조각되어 있어요.

백제 금동 대향로에 새겨진 것들을 보면, 당시 백제에 영향을 준 종교를 추측할 수 있어요. 연꽃은 불교, 봉황과 신선은 도교이지요.

백제 금동 대향로가 **부여**에서 발견되었다는 사실도 꼭 알아 두어야 해요. 공주 아니고 부여입니다!

당나라 장수 소정방의 글과 관련된 정림사지 5층 석탑의 별칭은?

정답: 평제탑

조선 총독부

일제 강점기(1910년~1945년)에 우리나라를 지배하기 위해 설치한 통치 기구예요. 식민지 통치를 위한 중요한 기관으로, 조선 총독은 입법, 사법, 행정 및 군대 통수권을 집행할 수 있는 막강한 권한을 행사했어요.

을사늑약 이후 설치된 통감부는 1905년부터 1910년까지, 경술국치 이후 설치된 총독부는 1910년부터 1945년까지라는 사실을 구분해서 알아 두세요.

1대 **통감**은 이**토** 히로부미, 1대 **총독**은 데라우**치**! 통토 총치로 알아 두세요!

우리나라의 국권이 상실되어 일제 강점기가 시작된 해는?

정답: 1910년

3월 14일 체크 ✓

황룡사 9층 목탑

선덕여왕 때 황룡사에 세웠다는 9층 목탑으로 안타깝게도 지금은 주춧돌만 남아 있어요. 고려 때 몽골의 침략으로 불에 타 버렸답니다.

앞에서 공부한 중국 음식이랑 이름 비슷한 스님 기억나세요? 네, 자장 스님의 건의로 선덕여왕 때 세워졌고요, 여기서 한 가지 더! 9층 목탑은 선덕여왕 때 세웠지만, 황룡사는 진흥왕 때 세워졌답니다.

주춧돌 건축물의 기둥을 받쳐 주는 돌이에요.

국보 제287호 백제 금동 대향로는 어느 지역에서 발견되었나요?

정답: 충남 부여군

10월 16일 체크

경술국치

1910년 8월 29일 한일 병합 조약(대한 제국과 일본이 하나가 되는 조약)의 성립으로, 대한 제국이 국권을 상실한 사건이에요. 경술국치는 '경술년에 일어난 국가적 치욕'이라는 뜻이에요. 이 조약으로 대한 제국은 사라지게 되었고, 우리나라는 일본의 식민 통치를 받게 되었지요.

경술국치 이후 일제 강점기가 시작됩니다. 일제의 무지막지한 탄압을 받으면서도 희망을 잃지 않은 우리나라는 1945년 8월 15일, 35년간의 식민 통치에서 벗어나 해방을 맞게 됩니다.

식민 어떤 국가가 경제적 이익을 얻기 위해 다른 나라를 지배하는 일을 말해요.

안중근 의사가 뤼순 감옥에 잡혀 있었을 때 쓰던 책으로, 결국 완성되진 못한 책은?

답: 「동양평화론」

3월 **15일** 체크 ✓

첨성대

신라 선덕여왕 때 세워진 동양에서 가장 오래된 천문 기상 관측대예요. 국보 제31호로 지정되었고, 경주에 있어요.

옛날 사람들이 첨성대와 같은 천문대를 지은 가장 큰 이유는 농사 때문이라고 해요. 농사는 날씨의 영향을 많이 받았기 때문에 늘 하늘을 관찰할 필요가 있었지요.

아름다운 예술품에 관심이 많았던 **선덕여왕** 때 세워진 것들은 무엇일까요? 네, 바로 **첨성대, 황룡사 9층 목탑, 분황사 모전 석탑**.

선덕여왕 때 황룡사 9층 목탑을 세울 것을 건의한 인물은?

정답 : 자장

10월 15일 체크

안중근 의사

대한 제국의 독립운동가이며, 항일 의병장이에요. 1909년에 하얼빈에서 초대 통감 이토 히로부미를 사살한 뒤, 체포되어 다음 해인 1910년에 뤼순 감옥에서 세상을 떠납니다. 한국과 중국, 일본 세 나라가 서로 도와 동양의 평화를 지켜야 한다고 주장하기도 했어요.

안중근 의사의 의거가 일제 강점기 전인 1909년에 일어났다는 것과 안중근 의사가 뤼순 감옥에 있을 때 『동양 평화론』이라는 책을 쓰고 있었다는 사실도 기억하세요.

의거 정의를 위하여 개인이나 집단이 의로운 일을 위한 대책과 방법을 세우는 것을 말해요.

국채 보상 운동이 처음 시작된 지역은?

정답: 대구

3월 16일 체크 ✓

사신도

청룡, 주작, 현무, 백호 네 개의 동물을 그린 그림으로 고구려 고분 벽화에 많이 나타나요. 평안남도 강서군에서 발견된 벽화 무덤인 강서대묘의 사신도가 가장 유명하답니다.

▲ 강서대묘 백호도

사신도는 무덤의 사방을 네 개의 신이 보호한다는 의미가 있어요. 따라서 도교의 영향을 받았다는 사실을 알 수 있음을 꼭 기억하세요. 앞서 얘기했던 도교와 연관된 문화재 생각나세요? 그렇죠, 백제 금동 대향로!

주작과 현무 주작은 붉은 봉황을 말하고, 현무는 거북과 뱀이 합해진 상상 속 동물이에요.

선덕여왕 때 세워진 동양에서 가장 오래된 천문 기상 관측대는?

첨성대 : 답정

국채 보상 운동

근대화시킨다는 핑계를 대고 일본은 우리나라에 여러 시설을 지었어요. 그런 다음 대한 제국 정부가 그 비용을 부담하도록 강요해서 대한 제국은 1,300만 원이라는 많은 빚을 지게 되었어요. 이 빚을 국민이 모금해서 대신 갚아 일본으로부터 경제 주권을 되찾자는 운동이에요.

일본에게 진 빚을 갚아 경제 주권을 되찾자!

국채 보상 운동은 1907년 대구에서 시작되어 전국으로 퍼졌고, 서상돈, 김광제가 주요 인물이었어요.

국채 보상 운동은 나라의 빚을 갚기 위한 운동이죠. **빚**은 **돈**이죠. 서상돈을 기억하세요!

1911년 105인 사건으로 해체된 비밀 조직은?

정답: 신민회

3월 17일 체크

껴묻거리

죽은 사람을 땅에 묻거나 화장할 때, 시체와 함께 묻는 물건을 통틀어 말해요. 이것을 통해 옛날 사람들은 죽은 뒤의 세계가 있음을 인정했다는 것을 알 수 있어요. 그리고 껴묻거리를 분석해서 묻힌 사람의 신분도 추측할 수 있답니다.

껴묻거리로 알 수 있는 게 아주 많지요!

사실 껴묻거리 자체가 한국사 시험에 나오진 않아요. 하지만 껴묻거리를 통해 후대 사람들이 지난 역사를 제대로 알 수 있기 때문에 참 중요하지요.

껴묻거리는 시험 문제의 지문이나, 객관식의 보기 문항의 단어로는 자주 나오니 뜻은 꼭 알아 두세요!

강서대묘의 사신도를 통해 고구려가 당시 어떤 종교의 영향을 받았음을 알 수 있나요?

정답: 도교

105인 사건

1911년 일제가 우리 민족을 탄압하기 위해 독립운동가 105인을 감옥에 가둔 사건이에요. 독립운동가 안명근이 데라우치 총독을 암살하려다 실패한 사건이 벌어졌는데, 일제는 이 사건을 신민회가 벌인 일이라고 거짓으로 꾸며 독립운동가들을 마구 잡아들여 감옥에 가두었어요.

105인 사건에 연루된 사람 중 신민회의 회원이 많았기 때문에, 1911년 신민회는 해체됩니다. 이 사건이 신민회 해체의 원인이 되었다는 것을 꼭 알아 두세요.

연루 남이 저지른 범죄에 연관되는 것을 말해요.

1907년에 만들어진 비밀 조직으로 안창호, 양기탁 등이 활약한 단체는?

정답: 신민회

정사암 회의

백제의 귀족 회의 이름이에요. '나라의 일을 논의하는 바위'라는 뜻의 정사암에서 귀족들이 모여 회의도 하고 재상도 선출했다 하여 붙여진 이름이랍니다. 충남 부여군에 있어요.

삼국의 귀족 회의 이름은 한국사 시험 단골 문제랍니다. 신라의 귀족 회의 이름은? 네, 화백 회의. 특징은? 만장일치제. 백제는 정사암 회의, 고구려는 제가 회의. 이 두 회의의 특징은 다수결이라는 것도 참고로 알아 두세요.

다수결 회의에서 많은 사람의 의견에 따라 안건의 가부를 결정하는 일을 말해요.

고구려 귀족 회의의 이름은?

정답: 제가 회의

10월 12일 체크

신민회

1907년에 도산 안창호가 양기탁 등 애국 계몽 운동가들과 함께 국권 회복을 목적으로 조직한 비밀 조직이에요. 신민회는 새롭게 태어난 신민, 다시 말해 새로워진 대한 제국의 국민들이 나라의 주인이 되어야 한다고 생각했어요.

일본 경찰들의 감시가 심했기 때문에 신민회는 회원 모집이나 활동을 비밀리에 할 수밖에 없었어요. 신민회가 일제 강점기 전에 만들어진 비밀 조직이라는 점과 나중에 '105인 사건'으로 해체된다는 사실을 꼭 알아 두세요.

애국 계몽 운동 고종 황제 때 민족 지도자들이 교육과 산업을 발달시켜 자주독립을 지키자며 벌인 운동이에요.

조선의 마지막 왕은?

정답 : 순종

3월 19일 체크 ✓

임신서기석

신라의 청년 둘이 유학 공부를 열심히 하기로 약속한 내용을 새겨 놓은 돌을 말하는데, 임신년에 맹세를 했기 때문에 붙여진 이름이에요. 만약 2025년 을사년에 약속했다면 아마도 을사서기석이라 불렀을 거예요.

서쌤의 족집게
임신서기석을 통해 당시 신라 청년들이 유학 공부를 열심히 했다는 것을 알 수 있어요. 따라서 이 문화재는 불교, 도교가 아닌 유교와 관계 있는 문화재라는 것 기억하세요!

어휘 쑥쑥
유학 공자를 시조로 하는 전통적인 학문으로 인(仁)과 예(禮)가 근본 개념이에요.

한능검 퀴즈
삼국의 귀족 회의 중 만장일치제가 특징이었던 회의는?

정답: 화백 회의

순종

조선의 제27대 왕, 마지막 왕이자 대한 제국 2대 황제예요. 고종과 명성 황후 사이에서 태어났으며 재위 기간은 1907년부터 1910년까지이지요. 1910년에 일본에 통치권을 빼앗기고 일본으로부터 이왕(이씨 성을 가진 왕)으로 불렸다고 해요.

헤이그 특사 파견으로 고종이 강제로 황제의 자리에서 물러나고, 아들인 순종이 즉위하여 조선의 마지막 왕이자, 대한 제국 2대 황제가 된다는 것을 잘 알아 두세요.

통치권 국민과 국토를 다스리는, 국가의 최고 지배 권력이에요.

조선의 초대 통감은?

정답: 이토 히로부미

동시전

신라 지증왕 때 수도인 서라벌에 설치한 시장인 동시를 관리하기 위한 관청이에요. 물건을 사고팔았던 시장은 동시, 그 시장을 관리 감독한 관청은 동시전이죠.

한국사 시험에서 시기별 경제 활동은 심심치 않게 나옵니다. 지증왕은 나라 경제 발전에 신경을 많이 쓴 왕으로 시장을 설치한 것 외에 저수지를 만들고 농사에 소를 이용하게 하는 등 농업 발전에도 힘썼답니다.

삼국 시대 경제에서 신라의 동시전은 정말 자주 나오는 내용이니 꼭 기억하세요! **지증왕 때 동시전**.

신라 청년들이 유학 공부에 최선을 다했음을 증명해 주는 문화재는?

정답: 임신서기석

10월 **10일** 체크 ✓

이토 히로부미

조선 통감부의 제1대 통감으로, 헤이그에 특사를 파견한 고종을 강제 퇴위시키고, 순종을 왕위에 올린 사람이에요. 통감은 일본이 설치한 통감부의 장관이지요. 이토 히로부미는 1909년 만주 하얼빈에서 안중근 의사의 총에 맞아 죽게 됩니다.

이토 히로부미가 1905년에 부임한 조선의 초대 통감이며, 1909년에 하얼빈에서 안중근 의사가 쏜 총에 의해 죽었다는 사실을 꼭 기억하세요.

부임 임명이나 발령을 받아 근무할 곳으로 가는 것을 말해요.

헤이그 특사 3인을 적어 보세요.

정답: 이준, 이상설, 이위종

3월 21일 체크

능

왕이나 왕비의 무덤 중에 피장자를 알 수 있을 때 붙여요. 백제의 벽돌 무덤인 무령왕릉이 대표적 예이지요. 이곳에서는 무덤의 주인이 누구인지 알 수 있도록 정확하게 써 놓은 돌판인 지석이 발견되었다고 해요. 이 지석 덕분에 무덤의 주인이 백제 25번째 무령왕과 왕비임을 확실하게 알 수 있었지요.

한참 후에 나오겠지만 조선 시대 최고 임금이자 한국사 대표 스타 왕, 세종 대왕의 능은 다른 이름이 있답니다. 바로 영릉이에요. 세종 대왕과 왕비인 소헌 왕후가 함께 모셔져 있는 영릉은 유네스코 세계 문화유산으로 지정되었어요.

피장자 무덤에 매장되어 있는 사람을 말해요.

신라 지증왕 때 설치한 시장 감독 기구는?

정답: 동시전

헤이그 특사

1907년에 고종이 을사늑약의 부당함을 알리기 위해 만국 평화 회의가 열리는 네덜란드 헤이그에 파견한 사절단이에요. 특사로는 이준, 이위종, 이상설이 가게 되었지요. 그런데 회의장에서는 다른 나라들이 이미 을사늑약을 인정했다고 하며 회의에 참석시켜 주지 않았어요. 결국 특사들은 대한 제국의 의견을 알리는 데 실패했지요.

▲ 헤이그 특사 3인

을사늑약을 반대했던 고종이 세계 여러 나라 사람들에게 을사늑약이 불법적이고 강제로 체결되었다는 것을 알리기 위해 파견한 특별 사절단 세 사람을 기억하세요. 공교롭게도 세 사람 모두 이씨예요!

특사 나라를 대표하여 일정한 사명을 띠고 외국에 파견되는 사람을 사절이라고 하는데, 특사는 특별한 임무를 띠는 사절이에요.

을사늑약이 체결되자 그 분함을 시일야방성대곡이라는 제목의 논설로 표현한 인물은?

정답 : 장지연

3월 22일 체크 ✓

총

어제 공부한 '능'과 달리 왕족의 무덤 같긴 한데 정확히 누구의 것인지 모를 때, 그것을 '총'이라고 합니다.

왼쪽은 천마총, 오른쪽은 수로왕릉이지요.

능은 피장자의 이름을 앞에 붙이는데, 총은 어떻게 이름을 지을까요? 그 무덤에서 발굴된 특징적인 것을 앞에 붙입니다. 무용하는 사람의 그림이 나온 무용총, 금관이 발굴된 무덤인 금관총처럼요.

무용총과 금관총 무용총은 고구려 때 고분으로 무용하는 모습이 그려진 벽화가 나왔어요. 또, 금관총은 신라 때 고분으로 순금의 금관이 발굴되었어요.

경기도 여주에 있는 세종 대왕과 소헌 왕후의 무덤은?

울음 : 陵영

10월 08일 체크

시일야방성대곡

을사늑약이 체결되자 『황성신문』의 주필인 장지연이 쓴 논설이에요. 『황성신문』은 대한 제국 때 국민을 계몽하고 민족의식을 높이기 위해 만든 신문이에요. 시일야방성대곡은 '이날에 목 놓아 우노라'라는 뜻으로, 을사늑약이 부당하다는 것을 알리기 위해 쓴 글이지요.

시일야방성대곡이 『황성신문』에 실렸다는 것, 장지연이 쓴 논설이라는 것, 을사늑약이 체결된 아픔을 표현했다는 것 등을 꼭 알아 두세요.

주필 신문사, 잡지사에서 행정이나 편집을 책임지는 사람을 말해요.

을사늑약이 체결된 해는?

정답: 1905년

3월 23일 체크

천마도

경주에 있는 천마총에서 발굴된 말의 안장 양쪽에 달아 늘어뜨리는 장니에 그려진 말 그림이에요. 천마도는 지금까지 유일하게 남아 있는 신라 시대 그림이에요.

천마도가 신라 시대 그림이라는 것이 중요해요. 요즘 한국사 시험은 두세 가지 일들이 엮여서 나온답니다. 천마도를 보여 주고, 다음 국가의 경제 상황과 관련된 것은? 이런 문제가 나올 수 있어요!

천마총 경북 경주시 황남동에 있는 신라 시대의 옛 무덤으로, 천마도가 나와서 천마총이라 이름 붙였지요.

신라 시대의 유물로 말의 안장 양쪽에 늘어뜨린 장니에 그려진 그림은?

정답: 천마도

10월  07일 체크

을사오적

을사늑약 체결에 찬성한 대한 제국의 대신들 다섯 명을 말해요. 그들의 이름은 이완용, 이근택, 이지용, 박제순, 권중현이에요. 이들이 서명하여 을사늑약이 체결되면서 대한 제국은 외교에 관한 일을 할 때 모두 일본의 허락을 받게 되었어요. 그 뒤 일본은 통감부를 세우고 외교뿐 아니라 정치까지 간섭했지요.

 을사늑약이 늑약인 이유는 고종 황제가 조약 체결에 찬성하지 않았기 때문입니다. 왕이 찬성하지 않았는데도 불구하고 을사오적들이 조약에 서명하는 바람에 조약이 체결된 것이죠.

 **통감부** 1906년 2월부터 1910년 8월까지 일본이 한국의 주권을 완전히 빼앗을 목적으로 설치한 감독 기관이에요.

 일본에 의해 우리의 외교권이 박탈된 조약은?

정답: 을사늑약

3월 24일 체크

호우명 그릇

바닥에 고구려 광개토 대왕을 기념한다는 내용이 적혀 있는 그릇이에요. 아들인 장수왕이 아버지를 위해 만든 그릇으로 추정됩니다. 그런데 이 그릇이 발견된 지역이 바로 신라 땅인 경주라는 게 놀랍지요? 이 그릇의 글로 고구려와 신라의 교류가 활발했다는 것을 알 수 있어요.

광개토 대왕을 기념하는 글이 새겨진 그릇이 신라 땅 경주에서 발견된 것은 역사적으로 큰 의미가 있어요. 앞에서 광개토 대왕이 신라의 요청으로 군대를 보내 왜를 물리쳤다는 이야기를 배웠는데 한번 찾아보세요!

추정 미루어 생각하여 판정하는 것을 말해요.

고구려와 신라의 교류를 알 수 있는 유물로 광개토 대왕의 이름이 새겨져 있는 그릇은?

정답: 호우명 그릇

10월 06일 체크

을사늑약

일본과 대한 제국 사이에 강제로 체결된 조약으로, 우리의 외교권을 빼앗기게 됩니다. 러일 전쟁에서 승리한 일본은 대한 제국을 보호해 주겠다며 조약을 맺기를 강요했어요. 고종 황제는 반대했지만, 총칼을 찬 일본 군대가 주변에서 시위를 벌이고 조약에 찬성한 대신들이 있어 결국 을사늑약을 체결하게 되지요.

을사늑약은 1905년에 체결됩니다. 1905년이 을사년이라 을사조약이라고도 하는데, 일본이 강제로 조약을 맺게 했기에 '강제로'의 뜻을 지닌 '늑'자를 붙이고 있어요.

외교권 다른 나라와 정치, 경제, 문화적 관계를 맺을 수 있는 권리이지요.

(OX 퀴즈)을사늑약이 체결된 후, 러일 전쟁이 일어났다.

X : 답장

호우총

경상북도 경주에 있는 고분으로 광개토 대왕의 이름이 새겨진 호우(그릇)가 발견된 무덤이에요.

◀ '광개토 대왕'명 호우

호우총에서 발견된 호우명 그릇을 통해 당시 고구려와 신라의 교류가 활발했음을 알 수 있어요. 400년에 광개토 대왕이 신라에 침입한 왜를 물리쳤다는 사실, 꼭 기억하세요!

고구려와 신라가 활발한 교류를 했다는 것을 확실하게 알 수 있는 증거인 **호우명 그릇**, 꼭 외워 두세요.

신라에 침입한 왜를 대신 물리쳐 준 고구려의 왕은?

정답: 광개토 대왕

러일 전쟁

1904년부터 1905년까지 러시아와 일본이 만주와 한반도의 지배권을 얻기 위해 벌인 전쟁이에요. 청일 전쟁에서 승리한 일본은 한반도를 지배하려고 했어요. 그러나 러시아도 한반도에 눈독을 들이고 있었지요. 결국 두 나라는 전쟁을 벌였고 일본이 승리하게 되었어요.

러일 전쟁에서 승리한 일본이 우리와 을사늑약을 체결한다는 사실을 꼭 기억하세요. 시간 순으로 배열할 때, 러일 전쟁 다음에 을사늑약이 체결되는 겁니다.

체결 계약이나 국가 간의 권리와 의무를 국가 간의 합의에 따라 법적 구속을 받도록 규정하는 행위인 조약 등을 공식적으로 맺는 것을 말해요.

최초의 철도인 경인선이 개통된 해는?

정답: 1899년

충주 고구려비

충북 충주에 있는 현재 확인 가능한 한반도 유일의 고구려 비석으로, 중원 고구려비라고도 해요. 장수왕 때 세워진 것으로 추정됩니다.

장수왕이 백제를 공격해 한성을 점령하고 개로왕을 전사시킨 것은 아주 중요한 사건입니다. 그 후 고구려가 한반도 중부 지역까지 장악한 것을 기념하는 비석이 충주 고구려비인 것이죠.

장수왕의 공격으로 한성을 점령당하고 사망한 백제왕은 누구였지요? **괴로워**하며 죽은 **개로왕**. 개로왕 다음 왕, 문주왕은 수도를 공주(웅진)로 옮기죠!

현재 확인 가능한 한반도에 있는 유일한 고구려 비석은?

정답: 충주 고구려비(중원 고구려비)

경인선

1899년 개통된 우리나라 최초의 철도로, 서울과 인천을 연결하는 노선이에요. 경인선과 서울과 부산을 연결하는 철도인 경부선을 완공하면서 일본은 군사와 무기를 빠르게 서울로 가지고 들어올 수 있었고, 또 우리의 식량과 자원을 일본으로 실어 나를 수 있게 되었지요.

최초의 철도인 경인선이 대한 제국 시기에 만들어졌다는 사실과 개통 연도를 기억하세요. 참고로, 서울과 부산을 연결하는 철도인 경부선은 1905년 개통되었지요.

혹시 '은하철도 999'라는 만화 아세요? 우주를 오고 가는 기차가 나오는 만화인데, 경인선 개통은 이렇게 외워 보세요. 은하**철도 999** → 최초의 **철도**, 경인선은 **1899년**.

우리나라 최초의 근대적 토지 소유 문서는?

정답: 지계

나당 연합군

648년에 신라 김춘추와 중국 당나라 태종의 협상으로 결성된 연합 군대예요. 나당 연합군은 백제와 고구려를 차례로 멸망시키지요. 이후 당나라는 한반도를 지배하려는 욕심을 드러냈어요. 그러자 신라는 이에 맞섰고, 이렇게 시작된 나당 전쟁은 7년 동안이나 이어졌어요. 이 나당 전쟁이 끝난 뒤에야 신라의 삼국 통일이 완성되었지요.

앞으로 자세히 공부하겠지만, 660년에 백제가 멸망하고, 8년 후인 668년에 고구려도 나당 연합군에 의해 멸망합니다. 신기한 것은 그로부터 또 8년 후인 676년에 삼국 통일이 완성된다는 거예요.

삼국 통일 연대는 **8을 더해 주는 것** 기억하세요! **660년** 백제 멸망, **668년** 고구려 멸망, **676년** 삼국 통일 완성!

개로왕 다음 왕인 문주왕은 백제의 수도를 어디로 옮겼나요?

정답 : 웅진(공주)

10월 03일 체크

지계

광무 개혁의 내용 중 하나로, 토지의 소유권을 법적으로 인정하는 문서예요. 대한 제국은 토지를 조사하는 양전 사업을 실시해서 세금을 거두어들이는 기초로 삼는 한편, 토지에 대한 분쟁도 줄이려 했지요. 이를 위해 근대적 토지 소유 문서라고 할 수 있는 지계를 발급했어요.

▶ 대한 제국 전답관계

서쌤의 족집게
한국사 시험에서 광무 개혁하면 반드시 연결되어 나오는 문제가 바로 지계 발급이에요. 최초의 근대적 토지 소유 문서인 지계를 반드시 기억해 주세요.

어휘 쑥쑥
양전 사업 토지 조사 사업으로 백성들의 토지를 조사하여 세금을 부과하기 위해 실시했어요.

한능검 퀴즈
1897년 고종이 황제의 나라를 선포한 후 실시한 개혁은?

정답: 광무 개혁

3월 28일 체크

백제 멸망

나당 연합군의 공격을 막던 황산벌 전투에서 백제의 계백이 전사하고, 사비성이 함락되면서 삼국 중 가장 먼저 전성기를 맞았던 백제가 660년에 멸망합니다.

4세기 근초고왕 때 삼국 중 제일 먼저 전성기를 맞이했던 백제가 제일 먼저 멸망한다는 사실 꼭 알아 두세요. 그리고 백제의 멸망을 다른 말로 하면 백제의 마지막 수도인 사비성의 함락이라는 사실도 잊지 마세요.

함락 성이나 진지 등이 공격을 받아 무너지거나 점령을 당하는 것을 말해요.

나당 전쟁이 끝나고 삼국 통일이 완성된 해는?

정답: 676년

10월 02일 체크 ✓

광무 개혁

고종 황제가 대한 제국 시기에 나라를 부유하고 강하게 만들기 위해 시행한 근대화 개혁을 말해요. 이 개혁의 기본 정신은 '옛 법을 바탕으로 삼아 새로운 것을 첨가한다'였어요. 즉 기존의 틀을 완전히 바꾸는 것이 아니라 황제에게 권한을 집중하고 서양의 기술 문명을 받아들이는 개혁이었지요.

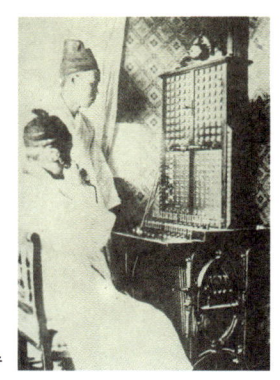

▶ 교환대와 교환수

 **서쌤의 족집게**
광무 개혁의 주요한 내용은 황제의 권한 강화와 군사 제도의 개선이었어요. 또, 상공업 발전을 위해 제조 공장을 세우고 외국어, 의학 등의 기술을 가르치는 학교를 세우는 등 근대적 기술을 받아들이기 위해 노력했지요.

 **콕콕 암기**
광무 개혁 역시 대한 제국의 시작과 동시에 시행했으니 1897년부터 실시했다는 사실을 기억하세요.

 **한능검 퀴즈**
1897년 덕수궁으로 돌아온 고종은 나라 이름을 조선에서 무엇으로 바꾸었나요?

정답: 대한 제국

3월 **29**일 체크 ✓

고구려 멸망

7세기 들어 중국의 수, 당과 전쟁을 겪으며 국력이 쇠퇴한 고구려는, 연개소문 사망 후 자식들의 권력 다툼까지 이어지며 혼란에 빠지게 되지요. 결국 668년 나당 연합군의 공격으로 멸망합니다.

백제 멸망과 같은 말로 사비성 함락이 있듯이, 고구려 멸망도 마지막 수도인 평양성의 함락과 같다는 것을 꼭 기억하세요!

평양성이 고구려의 수도가 아닐 때 함락된 적이 있죠? 바로 백제 근초고왕의 침략으로 죽은 고국원왕 때이죠. **원통**하게 죽은 **고국원왕**으로 외우세요.

백제의 전성기는 몇 세기 어느 왕 때인가요?

정답: 4세기 근초고왕

10월 01일 체크 ✓

대한 제국

아관 파천 후 러시아 공사관에서 지내던 고종은 계속된 환궁 요구에 경운궁(덕수궁)으로 돌아왔어요. 그리고 1897년, 고종은 조선의 자주독립을 지키기 위해 황제의 자리에 올랐고 나라 이름을 조선에서 대한 제국으로 바꾸었어요. 제국은 황제가 다스리는 나라로, 조선은 중국과 동등하게 황제의 나라가 된 것이지요.

대한 제국을 선포한다.
대한제국

서쌤의 족집게
고종이 환궁할 것을 요구한 대표적인 단체가 독립 협회라는 것을 꼭 기억해 주세요. 그리고 대한 제국은 1897년부터 일제 강점기 시작 전인 1910년까지 지속되었어요.

어휘 쑥쑥
자주독립 국가 등이 다른 나라의 간섭을 받거나 다른 나라에 의존하지 아니하고 자주권을 행사하는 일을 말해요.

한능검 퀴즈
독립 협회의 관민 공동회를 통해 결의한 개혁안은?

정답: 헌의 6조

3월 30일 체크

삼국 통일의 완성

나당 연합군이 백제와 고구려를 멸망시킨 뒤 당나라는 마음을 바꿔 신라의 정치까지 간섭하게 됩니다. 이에 신라는 당과 전쟁을 벌이게 되고 신라가 승리하며 삼국 통일이 완성됩니다. 신라 문무왕 때이지요.

태종무열왕 김춘추는 백제를 멸망시키고 다음 해인 661년에 사망했어요. 그 후에 고구려 멸망, 나당 전쟁 승리는 모두 아들인 문무왕이 이루어 냈다는 사실을 꼭 알아 두세요!

삼국 통일의 시작은 **태종무열왕**, 삼국 통일의 완성은 **문무왕**. 꼭 기억하세요!

백제 근초고왕의 공격으로 평양성을 함락당하고 전투에서도 전사한 왕은?

정답 : 고국원왕

대한 제국과 일제 강점기

3월 31일 체크 ✓

매소성 전투와 기벌포 전투

나당 전쟁의 마지막 전투예요. 675년에 매소성에서 당의 군대를 물리쳤고, 676년에는 기벌포에서 당의 수군을 물리치게 돼요. 이 두 전투에서 신라가 승리함으로써 삼국 통일이 비로소 완성되지요.

서쌤의 족집게
675년 지금의 경기도 양주인 매소성에서 당의 20만 대군을 물리쳤고, 676년에는 금강 하구인 기벌포에서 당의 수군을 물리치게 돼요. 이 기벌포 전투의 승리로 나당 전쟁이 끝나고, 신라는 삼국 통일을 이루게 되지요.

콕콕 암기
여러분, 메기라는 수염 난 물고기 아시죠? 나당 전쟁은 **매기** 전투로 기억하세요! 육지에서의 싸움은 **매소성** 전투, 바다에서의 싸움은 **기벌포** 전투!

한능검 퀴즈
태종무열왕의 뒤를 이어 고구려를 멸망시키고 나당 전쟁도 승리로 이끌며 삼국 통일을 완성한 왕은?

정답 : 문무왕

관민 공동회

독립 협회가 개최한 집회 중 일반 백성뿐 아니라 정부의 관리까지 참여한 경우를 관민 공동회라 말해요. 관민 공동회는 6일에 걸쳐 열렸는데, 더 나은 세상을 위해 빨리 실행해야 할 개혁 과제를 선정해 발표했어요. 이것을 '헌의 6조'라고 하는데, '일본인에게 기대지 말 것, 외국과의 이권 계약에 신중할 것, 언론·집회의 자유를 보장할 것' 등의 내용을 담고 있다고 해요.

관민 공동회에 참여한 대표적 관리로는 박정양이 있어요. 독립 협회가 개최한 집회를 통해서 '헌의 6조'가 채택되었다는 사실, 꼭 기억하세요.

채택 작품, 의견, 제도 등을 골라서 다루거나 뽑아 쓰는 것을 말해요.

독립 협회 회원과 일반 백성이 모여 정치, 사회 문제에 관한 토론을 했던 민중 집회는?

정답 : 관민 공동회

통일 신라와 발해

만민 공동회

독립 협회의 대표적 업적 중 하나로 일종의 민중 집회에요. 독립 협회 회원들과 일반 백성이 참여하여 정치, 사회 문제에 대한 토론을 했지요. 나라의 이권이 다른 나라에게 넘어가는 것을 본 지식인들이 민중들에게 나라의 상황을 알리기 위해 실시했지요.

한국사 시험에서는 독립 협회와 만민 공동회를 연결할 수 있는지를 많이 물어보니 꼭 기억하세요. 만민 공동회는 독립 협회가 주도해 실시했어요.

민중 국가나 사회를 구성하는 일반 국민을 말해요.

독립 협회와 백성들의 요구로 1897년 고종은 러시아 공사관에서 돌아오게 됩니다. 어디로 돌아왔나요?

정답 : 경운궁

4월 **01**일 체크

문무왕

신라 제30대 왕으로 태종무열왕 김춘추의 맏아들입니다. 태종무열왕의 뒤를 이어 왕이 된 뒤 고구려를 멸망시키고 나당 전쟁을 승리로 이끌어서 삼국 통일을 완성했어요. 아버지가 시작한 일을 아들이 마무리한 것이지요.

많은 사람들이 잘못 알고 있는 사실이 하나 있어요. 바로 태종무열왕 김춘추가 삼국 통일 전체 과정을 함께했다고 생각하는데, 김춘추는 660년에 백제만 멸망시키고 다음 해에 사망했어요.

668년 고구려 멸망, 676년 나당 전쟁의 마지막 싸움인 기벌포 전투 승리는 모두 **문무왕의 업적**이라는 것, 꼭 구분해 기억해 주세요!

매소성 전투와 기벌포 전투의 승리는 무엇을 의미하나요?

정답: 삼국 통일의 완성

9월 **28**일 체크 ✓

독립 협회

『독립신문』을 발행한 서재필이 청으로부터의 완전한 독립을 주장하며 만든 애국 계몽 단체예요. 독립 협회는 독립문을 세우고, 러시아 공사관으로 피신한 고종에게 궁으로 돌아올 것을 계속 요구했어요.

독립 협회와 백성들의 요구로 결국 고종이 1897년에 덕수궁으로 돌아오게 된다는 사실을 꼭 기억해 주세요.

계몽 지식 수준이 낮거나 안 좋은 풍습에 젖은 사람을 가르쳐서 깨우치는 것을 말해요.

1896년에 만들어진 우리나라 최초의 민간 신문은?

『독립신문』:目장

4월 02일 체크 ✓

신문왕

태종무열왕의 손자, 문무왕의 아들로 신라 제31대 왕이에요. 태종무열왕과 문무왕은 삼국 통일을 위해 힘쓰느라 나라를 제대로 정비할 여유가 없었죠. 그래서 신문왕 때에는 국가 체제를 정비하고 왕권을 강화하는 데 최선을 다했답니다.

삼국 통일한 뒤라 할 일이 정말 많았겠죠? 신문왕 파이팅!

서쌤의 족집게

삼국 시대와 통일 신라 시대를 통틀어 한국사 시험에 가장 많이 나오는 왕이 바로 신문왕이에요. 그래서 신문왕 관련 이야기는 앞으로도 며칠간 더 얘기하려고 합니다.

콕콕 암기

태종무열왕, 문무왕은 삼국 통일을 위해 **전쟁하느라 바빴고**, **신문왕** 때에 와서 **강력한 왕권을 위한 여러 가지 정비**를 했어요. 삼국 통일과 왕권 강화가 어느 왕때 이루어졌는지 잘 알아 두세요.

한능검 퀴즈

삼국 통일을 완성한 왕은?

정답 : 문무왕

9월 27일 체크

『독립신문』

급진 개화파였던 서재필이 갑신정변 이후 미국으로 망명했다가 1896년 귀국해서 만든 최초의 민간 신문이에요. 백성들의 독립 정신을 높이고 근대화 사상을 일깨우기 위해 만들었다고 해요.

서쌤의 족집게
『독립신문』은 개혁의 필요성을 널리 알리기 위해 한글로 쓰였고, 영어로도 발행되었다는 사실을 알아 두세요.

어휘 쑥쑥
망명 정치적인 이유로 박해를 받고 있는 사람이 이를 피하기 위해 외국으로 몸을 옮기는 것이에요.

한능검 퀴즈
단발령이 시행된 것은 어느 개혁 때인가요?

정답: 을미개혁

김흠돌의 난

신문왕의 장인인 김흠돌이 일으킨 반란이에요. 난이 일어나자마자 신문왕은 반란군을 진압하고 김흠돌을 죽입니다. 왕권 강화를 위해서는 장인이라 할지라도 가차 없이 제거한 것이지요.

뒤에 공부하겠지만 한국사에서 왕권 강화하면 떠오르는 왕이 몇몇 있어요. **고려의 광종, 조선의 태종** 등인데요. **통일 신라의 신문왕**도 왕권 강화에 많은 노력을 기울였다는 것을 꼭 기억하세요.

가차 없다 사정을 보아주는 것이나 용서함이 없다.

태종무열왕의 손자로 왕권 강화를 위해 최선을 다한 왕은?

정답 : 성덕왕

9월 26일 체크

단발령

1895년 을미개혁 때의 명령으로, 성인 남성에게 상투를 자르고 서양식 머리를 하라고 했어요. 고종이 먼저 단발을 하며 백성에게도 권했지만, 상투를 자르는 것은 조선의 전통을 무시하고 조선인의 혼을 없애려는 것이라 하여, 의병의 저항까지 생길 정도로 반대가 심했답니다.

을미사변 이후 친일 내각을 중심으로 이루어진 개혁을 을미개혁이라고 해요. 음력을 폐지하고 단발령을 내리는 등의 내용이었는데, 단발령으로 일반 백성뿐 아니라 유생들에게까지 불만을 사게 되면서 을미의병이 일어나게 되지요.

을미개혁으로 단발령이 내려진 것, 그로 인해 을미의병이 일어나 저항하게 된다는 사실들을 알아 두세요.

고려 광종 때 시작된 과거 제도는 언제 폐지되나요?

정답: 1차 갑오개혁(1894년)

감은사

신문왕이 아버지 문무왕의 은혜에 감사한다는 의미로 세운 절이에요. 지금은 경상북도 경주에 절터와 3층 석탑만 남아 있답니다. 신문왕은 반란을 일으킨 장인에겐 가혹했지만, 아버지의 은혜는 잊지 않는 효자였어요.

신문왕은 국립 교육 기관인 국학을 설치했고, 전국을 9주 5소경, 아홉 개 주와 다섯 개의 작은 수도로 나누었어요. 또, 9서당 10정, 중앙에 아홉 개의 서당과 지방에 열 개의 정을 두어 군대를 정비했어요. 모두 왕권을 강화하기 위해서라는 것, 잊지 마세요!

신문왕은 '9'를 좋아했던 왕으로 기억하세요. 국립 교육 기관인 국학도 받침 'ㄱ'을 빼면 '구'학이네요. **신문왕은 구구국(구주 오소경, 구서당 십정, 국학)**

김흠돌의 난은 어느 왕 때 일어났나요?

정답: 신문왕

9월 25일 체크 ✓

과거제와 노비제의 폐지

1894년 1차 갑오개혁으로 아주 오래된 제도가 없어지지요. 바로, 고려 광종 때 시작한 과거 제도와 정말 오래 지속되었던 노비 제도가 폐지됩니다.

과거제, 노비제 등 여러 제도가 폐지된 것이 청일 전쟁 중에 이루어진 1894년 1차 갑오개혁이라는 사실, 꼭 알아 두어야 해요.

갑오개혁 1894년부터 조선이 근대 국가에 걸맞은 제도를 만들기 위해 추진한 개혁 정치인데, 일본의 간섭으로 제대로 시행되지 못했어요.

우리나라 최초의 신문은?

정답: 「한성순보」

관료전과 녹읍

신문왕은 관료전을 지급하고 녹읍을 폐지합니다. 녹읍은 나랏일을 보던 관리들에게 땅을 나누어 주던 제도인데, 일정 지역 안에 있는 땅은 물론이고 일할 사람들, 즉 노동력까지 주는 것이었어요. 이 제도로 귀족들은 땅과 농민을 지배하면서 세력을 키우게 되었지요. 관료전은 땅에서 세금을 거둘 수 있는 권리였어요.

신문왕이 녹읍을 폐지한 것은 대표적인 왕권을 강화하고 귀족의 권한을 약화시킨 조치예요. 노동력까지 주는 녹읍을 귀족이 받게 되면, 사람들을 훈련시켜 군사로 삼아 반역을 꾀할 수도 있거든요.

왕권 강화를 위한 신문왕의 관료전 지급과 녹읍 폐지는 한국사 시험에 세종 대왕 문제만큼이나 자주 나올 정도로 아주 중요합니다. 꼭 기억하세요!

통일 신라 국립 교육 기관의 이름은?

정답 : 국학

9월 24일 체크

『한성순보』

고종 때인 1883년 박문국에서 발간된 우리나라 최초의 신문이에요. 백성들에게 외국의 사정을 널리 알려 개화 사상을 심어 주려 했어요. 그런데 한문으로 쓰여 있어 일반 백성들은 잘 볼 수 없었다고 해요.

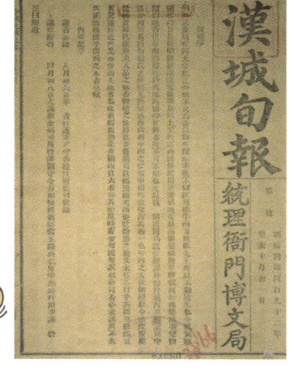

『한성순보』는 정부가 발행한 최초의 신문이며, 한문으로 되어 있고, 열흘에 한 번씩 나왔다는 사실 등을 기억하세요.

박문국 신문, 잡지의 편찬과 인쇄에 관한 일을 맡아보던 관청이에요.

을미사변 이후 신변의 위협을 느낀 고종은 어디로 거처를 옮겼나요?

정답: 아관파천(러시아 공사관)

4월 06일 체크

원효 대사

6두품 출신의 신라 승려로 불교 대중화를 위해 애쓴 사람이에요. 친구인 의상 대사와 함께 당나라로 공부하러 가다가, 모든 일은 마음먹기 달렸다는 '일체유심조'의 깨달음을 얻고 중간에 돌아온 일화가 정말 유명하지요.

신라와 고려 모두 불교를 국가 종교로 삼았기 때문에 한국사에서 신라와 고려의 스님이 한 일은 상당히 중요합니다. 그중 최고가 바로 원효 대사예요. 특히, 6두품 출신인 것과 '일체유심조'라는 용어는 꼭 알아 두어야 해요.

일체유심조 모든 것은 마음먹기에 달려 있다고 여기는 불교 사상이에요.

관료전을 지급하고 녹읍을 폐지하여 귀족을 억누르고 왕권을 강화한 통일 신라의 왕은?

신문왕: 日장답

9월 23일 체크

아관 파천

을미사변으로 명성 황후가 시해되자, 생명의 위협을 느낀 고종이 궁을 버리고 러시아 공사관(아관)으로 몸을 피한 사건이에요. 이 사건으로 러시아는 임금을 보호한다는 구실로 조선의 금광 채굴권, 삼림 채굴권 같은 이권을 많이 가져갔고, 그밖에도 조선의 여러 이권이 다른 나라에 넘어가게 되었지요.

을미사변이 일어난 1895년의 다음 해인 1896년에 아관 파천이 일어났다는 것을 꼭 기억하세요. 사건들의 내용을 잘 생각해 보고 이해하면 외우는 것도 쉬워질 거예요.

이권 이익을 얻을 수 있는 권리를 말해요.

을미사변, 임오군란, 갑신정변을 일어난 순서대로 배열하세요.

정답: 임오군란-갑신정변-을미사변

무애가

신라의 승려 원효 대사가 지었다고 전해지는 노래예요. 원효 대사는 깨달음을 얻은 후에 파계승으로 살며 술과 노래를 즐긴 것으로 알려져 있죠. 그때 이 무애가를 대중에게 전파하여 부처를 열심히 믿으면 누구나 죽은 후에 극락에 갈 수 있다고 가르쳤어요.

원효 대사가 불교의 대중화를 위해 애쓴 대표적인 예가 바로 무애가랍니다. 무애는 장애가 없다는 뜻으로, 부처를 믿으면 누구나 극락에 가는 데 장애가 없다는 것이죠. 어제 배운 일체유심조와 오늘 배운 무애가는 꼭 기억하셔야 해요.

파계승과 극락 파계승은 계율을 깨뜨린 승려이고, 극락은 괴로움이 없으며 지극히 안락하고 자유로운 세상을 말해요.

6두품 출신의 승려로 일체유심조를 강조한 인물은?

정답: 원효 대사

9월 22일 체크

을미사변

예상과 달리 청일 전쟁에서 일본이 승리하자 명성 황후는 러시아에 도움을 요청했고, 이 사실을 안 일본은 군을 보내 경복궁에서 명성 황후를 시해했어요. 이것이 을미년인 1895년에 일어난 비극적인 사건, 을미사변이에요.

> 한 나라의 왕비를 죽였는데 아무도 처벌 받지 않았지요!

임오군란(1882), 갑신정변(1884), 동학 농민 운동(1894), 청일 전쟁(1894~95), 을미사변(1895) 등의 큰 사건들을 시대 순으로 잘 기억해 두세요.

시해 부모나 임금을 죽이는 것을 말해요.

동학 농민 운동이 일어나자, 명성 황후는 어느 나라에 진압을 요청했나요?

정답 : 청나라

4월 08일 체크 ✓

의상 대사

진골 귀족 출신의 신라 승려로 당나라 유학파예요. 당에서 화엄종을 공부하고 온 의상 대사는 화엄 사상을 주장했고, 죽은 후의 세계를 중시하는 원효 대사와 달리 현실 세계를 중요시했어요. 경북 영주에 있는 부석사를 지었습니다.

의상 대사는 유학파, 원효 대사는 국내파!

원효와 의상, 두 사람의 계급을 알면 좀 더 이해하기 쉬워요. 원효는 6두품 출신으로 현실보다는 죽은 후의 세계를 중시하며, 무애가를 대중에게 전파했지요. 반면에 진골 귀족 출신에 유학파인 의상은 현실 세계를 중요하게 여겼지요.

신라의 대표 승려인 원효와 의상은 비교해서 알아 두시는 게 좋아요! **원효**는 일체유심조와 무애가, **의상**은 화엄 사상과 현세 중시, 부석사 창건.

신라 원효 대사가 만든 것으로 부처님을 믿고 열심히 수행하면 누구나 극락에 갈 수 있다는 내용의 노래는?

정답: 무애가

9월 21일 체크 ✓

청일 전쟁

1894년부터 1895년까지 청나라와 일본이 조선 땅에서 벌인 전쟁이에요. 1차 동학 농민 운동을 진압해 달라는 명성 황후의 요구에 조선으로 온 청과 곧이어 군대를 데리고 들어온 일본이 조선에 대한 패권을 놓고 벌인 싸움이에요. 이 전쟁에서 일본이 승리하면서 본격적인 일본의 조선 간섭이 시작됩니다.

동학 농민 운동과 청일 전쟁 모두 1894년에 일어납니다. 한국사에서 1894년은, 정말 큰 사건이 많이 일어난 해이기에 잘 알아 두어야 해요.

패권 국제 정치에서 어떤 국가가 경제력이나 무력으로 다른 나라를 압박해 자기 세력을 넓히려고 하는 것을 말해요.

을미사변 때 안타까운 죽음을 맞이하는 왕비는?

정답: 명성 황후

불국사

경북 경주시에 있는 신라의 절이에요. 법흥왕 때 처음 지어졌고, 통일 신라 시대 경덕왕 때 김대성이 다시 고쳐 지은 것으로 알려져 있어요. 불국사 안에는 두 개의 아름다운 탑이 있는데, 바로 다보탑과 석가탑이에요.

불국사가 신라의 절이라는 것과 그 안에 석가탑, 다보탑이 있다는 사실을 꼭 알아 두어야 해요. 우리 친구들, 이 절엔 꼭 한번 가 보기를 추천합니다. 직접 보고 나면 더 오래 기억에 남거든요.

다보탑 불국사 대웅전 앞에 있는 두 탑 중 동쪽에 있는 탑으로 통일 신라 경덕왕 10년(751년)에 건립된 것으로 추정되지요.

당나라 불교를 공부했고, 영주 부석사를 지은 신라 진골 귀족 출신 승려는?

정답: 의상 대사

9월 **20**일 체크 ✓

명성 황후

고종의 비로, 민비로 부르기도 합니다. 1897년 고종이 황제의 나라를 선포하고 대한 제국을 수립했기에 황후라 부르게 되었어요. 명성 황후는 고종의 친정이 시작된 이후 적극적으로 정치에 참여했고, 을미사변 때 세상을 떠납니다.

명성 황후는 나라에 일이 있을 때마다 청에 진압을 요청했고, 일본의 힘이 커졌을 때엔 러시아에 손을 내밀었는데, 을미사변으로 비참한 최후를 맞이합니다.

선포 세상에 널리 알리는 것을 말해요.

녹두 장군 전봉준은 어느 운동을 이끈 지도자인가요?

정답: 동학 농민 운동

4월 10일 체크

『무구 정광 대다라니경』

세계에서 가장 오래된 목판 인쇄물로 두루마리 모양이에요. 불국사의 석가탑을 보수하는 과정에서 발견되었는데, 우리 조상들의 뛰어난 인쇄 기술을 알 수 있지요.

서쌤의 족집게
우리가 세계에서 가장 오래된 목판 인쇄물을 가지고 있다는 사실, 너무나 자랑스럽지요? 당연히 한국사 시험에도 잘 나옵니다! 『무구 정광 대다라니경』이 석가탑을 보수하는 과정에서 발견되었다는 사실도 함께 알아 두어야 해요.

어휘 쑥쑥
목판 인쇄물 나무판에 글자를 새겨 찍은 것을 말해요.

한능검 퀴즈
불국사 안에 있는 두 개의 탑은?

정답: 석가탑, 다보탑

9월 19일 체크 ✓

동학 농민 운동

전라북도 고부군의 군수 조병갑의 횡포에 항거하여 전봉준을 비롯한 동학교도들과 농민들이 함께 일으킨 개혁 운동이에요. '사람은 평등하며 곧 새로운 세상이 열린다.'는 동학의 가르침은 탐관오리에게 시달리던 농민들의 마음을 흔들었지요. 나중에는 일본과의 싸움으로 커지고, 안타깝게도 결국은 농민군이 패배합니다.

동학 농민 운동은 크게 두 번으로 나눕니다. 1차는 탐관오리 조병갑에 대항하여 일어나고, 2차는 운동을 진압하러 온 일본과의 싸움이에요. 두 가지를 구분해서 알아 두세요.

전봉준 동학 농민군의 지도자로, 어릴 때 키가 작아 녹두라고 불려서 녹두 장군이라는 별명으로 불렸지요.

인내천 사상과 평등을 강조한 민족 종교는?

정답 : 동학

4월 11일 체크

불국사 3층 석탑

불국사에 있는 석가탑의 정식 명칭이에요. 마주 보고 있는 두 탑을 석가탑과 다보탑이라고 부르게 된 데는 이런 일화가 있어요. 현재의 부처인 석가여래가 이야기를 하자 과거의 부처인 다보여래가 나타나서 그 이야기가 옳다고 증명했다고 해요.

우리 친구들 힘들겠지만, 한국사 시험에서는 불국사 3층 석탑, 석가탑 어느 이름으로도 나올 수 있기 때문에, 모두 기억하셔야 해요. 위에서 얘기한 일화를 생각하면 조금 쉬울 거예요.

일화 세상에 널리 알려지지 않은 흥미로운 이야기를 말해요.

석가탑에서 발견된 우리나라에서 가장 오래된 목판 인쇄물은?

정답: 『무구정광대다라니경』

9월 18일 체크 ✓

동학

1860년에 최제우가 만든 민족 종교예요. 유교, 불교, 도교에다가 토속 신앙까지 합해져 있는데, 서양의 종교인 천주교 즉 서학에 맞서는 의미로 동학이라 이름 지었어요. 신분 차별을 부정하고 인간이면 누구나 동학에 입교해서 주문을 성심껏 외우면 자기 안에 천주(하느님)를 모신 존엄한 인격이 된다고 믿었지요.

동학의 정신 중 대표적인 것이 '인내천' 사상이에요. '사람이 곧 하늘이다.'는 뜻으로 사람은 누구나 존엄하다는 평등을 강조했어요.

최제우 동학을 만들어 어지러운 세상을 구하고 위기에 처한 나라를 지키려고 했지만, 대역 죄인으로 몰려 참수형을 당했어요.

신식 군인과의 차별과 밀린 월급 때문에 구식 군인들이 일으킨 사건은?

정답: 임오군란

4월 12일 체크

무영탑

불국사 3층 석탑의 또 다른 이름이에요. 무영탑은 그림자가 없다는 뜻인데, 아사달과 아사녀 설화에 의해서 지어진 이름이에요. 아사달은 백제의 유명한 석공이었고, 아사녀는 그의 아내인데, 아름답고 슬픈 사랑 이야기가 전해 오고 있어요.

 불국사 3층 석탑과 석가탑, 무영탑은 모두 같은 탑의 이름이라는 것을 꼭 기억하세요. 하나 더 기억해 볼까요? 부여 정림사지 5층 석탑의 또 다른 이름은? 맞아요, 평제탑!(3월 12일 참고하세요.)

 **석공** 돌을 다루어 물건을 만드는 사람이에요.

 (OX 퀴즈) 석가탑과 불국사 3층 석탑은 같은 탑이다.

O : 납吿

9월 17일 체크

임오군란

갑신정변이 일어나기 2년 전인, 임오년 1882년에 구식 군인들이 일으킨 난이에요. 당시 구식 군인들은 월급이 13개월이나 밀려 있었고, 겨우 월급으로 받은 쌀자루에 모래가 섞여 있어 쌓여 있던 분노가 폭발하며 반란을 일으키게 되었어요.

고종은 개화 정책을 추진하며 신식 무기를 갖추고 일본인 교관을 채용하여 근대식 군사 훈련을 시키는 별기군을 만들었어요. 이 신식 군인들에 비해 구식 군인들은 월급뿐 아니라 여러 면에서 차별을 받았지요.

임오군란도 갑신정변과 마찬가지로 청의 진압으로 마무리됩니다. 앞으로 나올 동학 농민 운동까지 세 사건 모두 청이 진압을 위해 출동했다는 사실, 기억해 주세요.

갑신정변은 누구에 의해 진압되었나요?

정답 : 청나라

4월 13일 체크

아사달과 아사녀

불국사 탑을 짓기 위해 떠난 아사달을 찾으러 서라벌에 간 아사녀는 탑이 완성되기 전엔 만날 수 없다는 얘기를 듣습니다. 한 스님이 불국사 앞 연못에 열심히 기도하면, 탑이 완성되고 연못에 탑의 그림자가 비칠 거라고 했어요. 하지만 아무리 기다려도 그림자가 보이지 않자 아사녀는 연못에 몸을 던졌고, 탑이 완성된 후 그 사실을 알게 된 아사달은 대성통곡했다고 해요.

 불국사 근처에 영지라는 연못이 있는데, 영지 왼편 소나무 숲에는 남쪽을 바라보고 있는 석불 좌상이 하나 있어요. 이 불상이 아사달이 아사녀를 그리워하며 만들었다는 이야기가 전해지고 있어요.

 **대성통곡** 큰 소리로 몹시 슬프게 곡을 하는 것을 말해요.

 아사달과 아사녀의 설화 때문에 붙여진 불국사 3층 석탑의 또 다른 이름은?

정답 : 무영탑

9월 16일 체크 ✓

갑신정변

1884년 우정총국 개국을 기념하는 축하 잔치에서 급진 개화파가 반대 세력을 없애고 개혁을 추진하고자 일으킨 정변이에요. 청나라의 진압과 군사적 지원을 약속했던 일본의 배신으로 3일 만에 끝나 버린답니다.

▲ 갑신정변의 주역들 사진 (좌)박영효, 서광범, 서재필, 김옥균

갑신정변이 우정총국 개국 축하 잔치 때 일어났고, 청의 진압으로 끝났으며, '삼일천하'라고도 불린다는 점 등은 한국사 시험에 자주 등장하니 꼭 기억해 주세요.

우정총국 조선 후기 우편 업무를 담당하던 관청이에요.

빠른 개혁을 주장하며 일본과 협력한 급진 개화파를 다른 말로 ***이라 한다.

정답: 개화당

4월 14일 체크

석굴암

불국사와 함께 대표적인 신라의 절이에요. 경주 토함산 중턱에 김대성이 지었으며 거대한 본존불은 보는 사람으로 하여금 감탄을 자아내게 한답니다. 하지만 안타깝게도 일제 강점기 때 해체 및 보수 작업을 하다가 내부에 습기가 많이 차게 되어 지금은 유리관 너머로만 볼 수 있어요.

앞에서 배운 불국사와 석굴암 모두 국보와 유네스코 세계문화유산으로 지정되어 있어요. 전 세계 인류가 보호 및 보존할 가치가 있다고 유네스코가 인정한 세계문화유산이니 정말 자랑스러운 문화재라 할 만하지요.

본존불 으뜸가는 부처라는 뜻으로, '석가모니불'을 이르는 말이에요.

석가탑은 불국사 3층 석탑을 말해요. 그렇다면 평제탑은?

정답: 부여 정림사지 5층 석탑

9월 **15일** 체크 ✓

급진 개화파

조금씩 천천히 개혁할 것을 주장한 온건 개화파와 달리 청나라에 사대하는 상황에서 벗어나 빠른 개혁을 주장한 사람들이에요. 청을 거부하고 일본과 협력했어요.

급진 개화파를 다른 말로 개화당이라 하고, 대표 인물로 김옥균, 박영효, 홍영식, 서재필 등이 있습니다. 일본의 메이지 유신 같은 적극적인 제도 개혁을 요구했어요.

메이지 유신 1868년 일본이 서구식 근대화를 목표로 추진한 개혁이에요.

서양의 문물을 받아들이되, 정신은 우리의 것을 지켜야 한다고 주장한 사람들을 무슨 파라 불렀나요?

정답: 온건 개화파

4월 15일 체크 ✓

성덕 대왕 신종

통일 신라 시대 경덕왕이 아버지 성덕왕의 업적을 기리기 위해 만들기 시작한 종으로, 우리나라 종 중 제일 크고 종의 몸통에는 아름다운 비천상 무늬가 새겨져 있어요. 이 종은 혜공왕 때 완성되었어요.

성덕 대왕 신종은 봉덕사에 걸려 있던 종이라는 뜻에서 '봉덕사종', 완성된 종을 치자 '에밀레'라는 소리가 들렸다는 전설 때문에 '에밀레종'으로 부르기도 합니다.

왕권 강화의 상징인 신문왕의 아들이 성덕왕이고, 성덕왕의 아들이 경덕왕이에요. 신문왕 때 강화된 왕권이 성덕왕, 경덕왕까지 이어진 것, 기억해 두세요.

(OX 퀴즈)불국사와 석굴암은 모두 유네스코 세계문화유산으로 지정되었다.

O : 답정

9월 14일 체크

온건 개화파

위정척사파와 달리 서양의 문물을 받아들이되, 정신은 우리의 것을 지켜야 한다고 주장한 사람들이에요. 청나라를 통해 서양 문물을 접한 뒤 이를 받아들여 천천히 조금씩 개혁하는 것이 조선 사회에 이롭다고 생각했어요.

> 전통을 유지하면서 서양의 기술을 받아들이자!

온건 개화파는 당시 집권 세력이었고, 급진 개화파와 부딪히게 됩니다. 김홍집, 김윤식, 박정양 등이 대표적인 온건 개화파 인물이에요.

개화 사람의 지혜가 열려 새로운 사상, 문물, 제도 등을 가지게 되는 것이에요.

바른 것을 지키고, 사악한 것을 거부하고 내치겠다는 정신으로, 외국과의 통상 수교를 반대한 세력은?

정답: 위정척사파

4월 16일 체크

『왕오천축국전』

통일 신라 시대의 승려 혜초가 불교의 나라인 인도 주변의 천축국을 다녀온 후 쓴 기행문이에요. 천축국은 고대 인도의 나라들로, 동천축, 서천축, 남천축, 북천축, 중천축 등 다섯 개의 천축국이 있었어요.

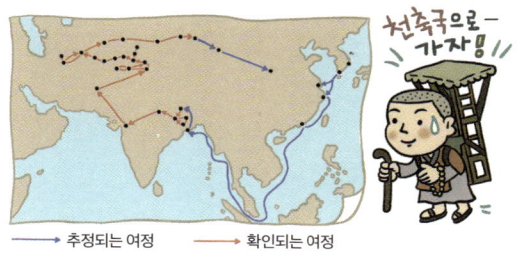

→ 추정되는 여정   → 확인되는 여정

혜초 스님도 한국사 시험에 자주 나오는데, 혜초 스님이 쓴 『왕오천축국전』은 중국 간쑤성 둔황 석굴에서 발견되어 세상에 알려졌어요. 현재는 파리 국립 도서관에 보관되어 있어요.

기행문 여행하면서 느낀 것을 적은 글이에요.

경덕왕이 아버지의 업적을 기리기 위해 만들기 시작한 종으로, '에밀레종'이라고도 불리는 것은?

정답: 성덕 대왕 신종

위정척사파

병인양요, 신미양요 등을 겪으며 외국에 항구를 열고, 통상하는 것을 반대하는 세력이 등장하는데, 이들을 위정척사파라고 해요. 바른 것을 지키고, 사악한 것을 거부하고 내치는 사람들이란 뜻이에요. 여기서 바른 것은 유학이고 사악한 것은 서양이나 일본의 문물이었어요.

대표적인 위정척사파 인물로는 최익현이 있고, 이들은 일본이 조선을 빼앗으려 할 때엔 의병 활동을 하기도 했어요.

최익현 조선 말기의 유학자이자 의병장, 애국지사예요. 일본의 침략에 반대하여 의병을 일으켰다가 붙잡혀 일본 쓰시마 섬에 유배되었는데, 그곳에서 단식하다 사망했어요.

조선이 외국과 맺은 최초의 근대적 조약은?

정답: 강화도 조약

4월 17일 체크 ✓

혜공왕의 피살

신라 제36대 왕인 혜공왕은 성덕대왕 신종을 만들게 한 경덕왕의 아들이에요. 이 혜공왕이 반란을 일으킨 신하 김지정에 의해 살해당하는 사건이 일어나지요. 이때부터 신라는 귀족들이 왕의 자리를 두고 싸우며 매우 혼란스러워집니다.

혜공왕 이후로 왕권이 무너지기 시작했지요!

왕의 죽음이 한국사에서 매우 중요하게 다뤄지는데, 대표적인 경우가 바로 혜공왕 피살 사건입니다. 이 사건 이후로 통일 신라 사회가 혼란스러워지기 시작했고, 결국 후삼국을 통일하는 고려에 신라가 항복하게 되지요.

신라가 쇠퇴하게 되는 출발점이 혜공왕 피살 사건이라는 것, 꼭 기억하세요!

신라 승려 혜초가 인도 주변의 천축국을 여행하고 와서 쓴 기행문은?

정답: 『왕오천축국전』

9월 12일 체크

강화도 조약

1876년 조선과 일본 사이에 체결된 조약으로, 정확한 이름은 '조일수호조규'예요. 운요호 사건이 조선군과 조선 백성들에게 큰 피해를 입혔는데도 불구하고 일본은 조선에 책임을 물으면서 통상 조약을 맺게 했어요. 조선에게 불리한 불평등조약이었고, 이를 계기로 조선은 일본에 항구를 열게 되지요.

강화도 조약은 외국과 맺은 최초의 조약이었어요. 하지만, 조선의 해안을 측량할 수 있는 권리와 일본 상인이 조선에서 죄를 지어도 일본법으로 재판할 수 있도록 하는 등 매우 불평등한 조약이었어요.

강화도 조약이 외국과 맺은 최초의 근대적 조약이지만 불평등한 조약이라는 것, 꼭 기억하세요!

강화도 조약의 원인이 된 사건은?

정답: 운요호 사건

4월 18일 체크

호족

통일 신라 말 고려 초, 재산이 많고 군사도 거느리고 있던 지방 세력을 말해요. 중앙 귀족과 비교되는 세력이지요. 고려의 첫 번째 왕인 태조 왕건도 이 호족 세력을 함부로 하지 못했어요.

혼란이 극도로 심했던 통일 신라 말에 호족들이 크게 성장합니다. 하지만 결국 신라는 멸망하고 고려라는 새로운 나라가 세워지지요. 이때도 호족은 상당히 중요한 세력으로 자리 잡았어요.

통일 신라 말부터 고려 초까지 지배층으로 자리 잡은 세력이 뭐라고요? 네, **호족**입니다.

이 왕의 피살은 통일 신라 말 혼란의 시작을 알리는 사건이에요. 어느 왕일까요?

정답: 혜공왕

9월 11일 체크

운요호 사건

1875년 일본 군함 운요호가 불법으로 강화도에 들어와 해안을 측량했고, 조선이 경고 사격을 하자 일본군이 대응하면서 전투가 벌어진 사건이에요. 이때 일본군은 함포 공격을 해 조선군과 백성들은 큰 피해를 입었지요.

운요호 사건 때문에 체결된 조약이 내일 배울 강화도 조약이에요. 다시 말해 강화도 조약의 원인이 운요호 사건이라는 사실을 꼭 알아 두세요.

측량 지표의 각 지점 위치와 그 지점들 간의 거리를 구하고 지형의 높낮이, 면적 등을 재는 일을 말해요.

(OX 퀴즈) 고종은 왕이 된 후, 1863년부터 나라를 다스리기 시작했다.

X : 답정

4월 19일 체크

장보고

통일 신라 말의 호족이자 장군으로 당나라에서 군인 생활을 하다가 귀국해 청해진의 대사가 된 인물이에요. 청해진 주변의 해적을 소탕했고, 당나라-신라-일본을 연결하는 해상 무역으로 큰돈을 벌었지요. '해상왕'이라고 불렸어요.

장보고가 통일 신라 말기의 사람이라는 것과 청해진에서 해적을 소탕하고 활발하게 해상 무역을 했다는 사실이 중요합니다. 그리고 자신의 딸을 왕비로 들이겠다는 왕의 약속이 지켜지지 않자, 장보고의 난을 일으킨 사실도 기억하세요.

청해진 신라 흥덕왕 때, 장보고가 지금의 전라남도 완도에 설치한 진을 말해요.

통일 신라 말에서 고려 초까지의 지배 계급으로 재산도 많고 군사도 거느리고 있던 지방 세력은?

족호 : 답정

9월 **10일** 체크 ✓

고종의 친정

친정은 앞서 얘기했듯이 임금이 직접 나라의 정사를 돌보는 것을 말해요. 서양과의 통상과 수교를 반대했던 흥선 대원군의 섭정이 끝나고 고종이 친정을 시작함으로써 외국에 문호를 열고 교류할 가능성이 생기게 되었지요.

> 10년간의 섭정이 끝나고 드디어 고종이 직접 나섰지요!

흥선 대원군이 섭정을 한 기간이 1863년부터 1873년까지 10년간이기에 고종의 친정은 1873년경부터 시작된다는 것을 기억하세요.

문호 집으로 드나드는 문이라는 뜻으로, 외부와 교류하기 위한 통로나 수단을 비유적으로 이르는 말이에요.

척화비 건립, 신미양요, 병인양요를 일어난 순서대로 배열해 보세요.

정답: 병인양요-신미양요-척화비 건립

4월 **20**일 체크 ✓

진성여왕

신라 제51대 왕이자 신라의 세 번째 여왕이며, 한국사에 등장하는 마지막 여왕이에요. 왕권이 바닥으로 추락하고 여기저기서 민란이 일어나는 등 매우 어지러웠던 신라를 바로 잡지 못했어요.

서쌤의 족집게
통일 신라 말기인 진성여왕 때는 사회의 혼란이 최고가 되었습니다. 민란도 많이 일어났는데, 그중 원종, 애노의 난과 적고적(빨간 바지를 입은 도적)의 난은 한국사 시험에 자주 출제되니 꼭 기억하세요!

어휘 쑥쑥
민란 포악한 왕이나 정치에 반대하여 백성들이 들고 일어나는 것을 말해요.

한능검 퀴즈
해상왕 장보고가 해적을 소탕하고 무역을 활발히 진행했던 곳은?

정답: 청해진

9월 09일 체크 ✓

척화비

병인양요와 신미양요를 겪은 흥선 대원군이 서양과 통상하지 않겠다는 내용의 글을 새겨 1871년에 전국 곳곳에 설치한 비석이에요. 척화비에는 '서양 오랑캐가 쳐들어왔는데 싸우지 않으면 화목하게 지내겠다는 것이요, 그것은 곧 나라를 팔아먹는 것이다.'라는 내용이 쓰여 있었다고 해요.

▶ 남해 척화비

한국사 시험에서는 병인양요, 신미양요, 척화비 건립을 시기순으로 배열하는 문제가 종종 출제된답니다. 특히 척화비 건립이 마지막이라는 것이 중요해요.

병인양요-**신**미양요-**척**화비 건립, 앞 글자만 따서 '**병신척**'으로 기억하세요!

신미양요의 원인이 된 것으로 평양 관군과 백성들이 미국 상선을 불태운 사건은?

정답: 제너럴셔먼호 사건

4월 21일 체크

최치원

통일 신라 말의 6두품 출신 학자예요. 진성여왕에게 시무 10조(나라를 바로잡기 위한 10가지 조언)를 건의했지만 받아들여지지 않았어요. 그리하여 진성여왕 때 나라의 혼란이 최고조에 이르렀지요.

최치원은 그리 높지 않은 계급인 6두품 출신인데도 당나라의 외국인 전용 과거 시험인 빈공과에 합격한 실력자예요. 최치원이 당나라에서 난을 일으킨 황소를 꾸짖는 글인 '토황소격문'과 시문집인 『계원필경』을 썼다는 사실도 알아 두세요.

최치원은 한국사 시험에 자주 등장하는 중요한 학자예요. 진성여왕에게 건의한 **시무 10조** 꼭 기억하세요.

신라 말 원종, 애노의 난과 적고적의 난이 일어났을 때의 왕은?

정답 : 진성여왕

신미양요

1866년 미국의 상선 제너럴셔먼호가 평양에서 조선인을 괴롭히자, 평양 관군과 백성들이 배를 불태우고 침몰시켰어요. 이 사건을 제너럴셔먼호 사건이라고 하는데, 이것을 이유로 5년 후인 1871년에 미국 함대가 강화도를 공격한 사건이에요.

프랑스가 침략한 병인양요는 병인박해와 같은 해에 일어났지만, 미군이 쳐들어온 신미양요는 제너럴셔먼호 사건이 일어난 지 5년 후라는 것을 기억하세요.

신미양요는 '미'자가 들어가니 **미국**이 쳐들어온 사건으로 외우면 쉽겠죠? **병인양요**는 **불어**를 쓰는 **프랑스**예요!

조선 시대 왕실과 국가의 의식, 행사 과정을 그림과 함께 자세히 기록해 놓은 책은?

정답: 『의궤』

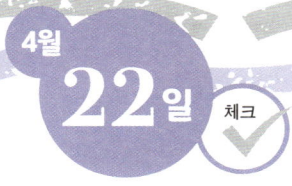

경순왕

신라의 제56대 왕이자 마지막 왕이에요. 935년에 고려의 왕건에게 항복함으로써 1천 년 신라의 역사가 막을 내리지요. 경순왕의 아들은 이것을 안타까워하며 비단옷을 벗고, 삼베옷을 걸친 채 돌아다니며 통곡했어요. 그래서 그를 마의(삼베옷) 태자라고 불렀지요.

각 나라의 시작도 중요하지만, 마지막 왕도 알아 두어야 해요. 고구려는 보장왕, 백제는 의자왕, 신라는 경순왕이에요. 특히 경순왕은 왕건의 배려로 고려 최초의 사심관이 됩니다.

사심관 제도 고려 시대에 지방을 통제하기 위해 그 지역 출신의 관리를 임명하는 제도예요.

6두품 출신으로 당나라 빈공과에 합격했고, 진성여왕에게 시무 10조를 건의했던 인물은?

정답: 최치원

9월 **07**일 체크 ✓

외규장각의 『의궤』

외규장각에 보관되어 있던 책으로, 조선 시대 왕실과 국가의 의식 그리고 행사의 과정을 그림과 함께 자세히 기록해 놓았어요. 역사적 가치가 매우 높은 도서인데, 병인양요 때 후퇴하던 프랑스군이 빼앗아 갔어요. 1979년 프랑스 국립 도서관에서 근무하던 고 박병선 박사에 의해 발견이 되었고, 빌려오는 형식으로 돌려받았답니다.

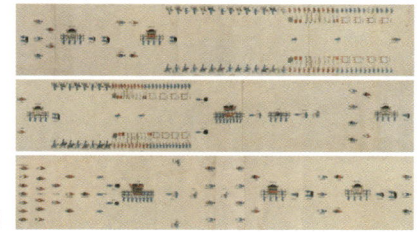

▶ 영조왕세제책례반차도권

대표적인 외규장각 도서인 『의궤』가 프랑스 함대가 침략했던 병인양요 때 약탈되었다는 사실이 매우 중요합니다. 아울러 외규장각이 강화도에 있었다는 사실도 꼭 알아 두세요.

『의궤』 예전에, 나라에서 큰일을 치를 때 후세에 참고하기 위하여 그 일의 처음부터 끝까지의 경과를 자세하게 적은 책이에요.

천주교 박해를 이유로 프랑스 함대가 강화도를 쳐들어온 사건은?

정답 : 병인양요

4월 23일

발해

698년에 고구려 유민 대조영이 한반도 북쪽 지역에 세운 나라예요. 676년에 신라의 삼국 통일이 완성되었기 때문에, 남쪽의 통일 신라와 북쪽의 발해가 함께 존재하던 이 시기를 남북국 시대라고 한답니다.

 **서쌤의 족집게**
통일 신라와 발해, 남북국이라는 표현을 처음 쓴 역사책이 참 중요합니다. 이 표현이 처음 나온 책은, 조선 후기 유득공이라는 학자가 쓴 『발해고』예요. 미리 알아 두세요.

 **어휘 쑥쑥**
유민 망하여 없어진 나라의 백성을 말해요.

 **한능검 퀴즈**
이름이 김부이고 신라의 마지막 왕이며 고려 최초의 사심관인 인물은?

정답: 경순왕

9월 06일 체크 ✓

병인양요

흥선 대원군 때, 병인박해를 이유로 프랑스 함대가 조선의 강화도로 쳐들어온 사건이에요. 조선의 군사들은 열심히 싸웠고, 후퇴하던 프랑스는 강화도의 외규장각을 불태우고, 그 안에 있던 많은 책들을 훔쳐 갔어요.

서쌤의 족집게
흥선 대원군은 원래부터 서양과의 통상 수교를 반대했어요. 그런데 병인양요 이후 서양에 대해 경계심이 더 강해졌지요. 이 병인양요와 다음에 얘기할 미국 함대가 쳐들어온 신미양요는 꼭 구분해서 알아 두세요.

어휘 쑥쑥
병인박해 1866년 병인년에 흥선 대원군이 프랑스 선교사 9명과 천주교도 8천여 명을 죽인 사건이에요.

한능검 퀴즈
조선 후기 해안가에 나타난 서양의 배들로 우리 배와 모양이 다르다고 해서 붙여진 이름은?

정답: 이양선

4월 24일 체크

해동성국

'바다 동쪽의 매우 번성한 나라'라는 뜻으로, 당나라가 영토를 넓힌 발해를 이렇게 불렀어요. 당나라에서 보면 발해가 바다 동쪽에 있으니까요. 발해의 영토가 얼마나 넓었길래 이렇게 불렀을까요? 발해의 영토는 선왕 때 크게 확장되었는데, 이때 남으로는 신라와 맞닿아 있었고 서쪽으로는 요동 지역을 차지했으며, 고구려와 부여의 옛 영토를 대부분 회복했다고 해요.

당나라가 해동성국이라 부를 만큼 발해의 전성기를 이끈 왕은 선왕이었습니다. 선왕은 발해의 10대 왕으로 영토를 넓히는 데 힘썼고, 문화, 사회 경제적으로도 큰 발전을 이루었지요.

해동성국이라 불리던 때가 광개토 대왕과 장수왕이 활약한 고구려도 아니고 삼국을 통일한 통일 신라도 아닌 바로 **발해**라는 사실을 꼭 기억하세요.

남북국이라는 용어를 처음 사용한 역사책을 쓴 학자는?

유득공 : 답정

9월 **05**일 체크

이양선의 출몰

조선 후기, 조선의 해안가에 정체 모를 서양의 배인 이양선들이 나타난 현상을 말해요. 이 배들은 중국이나 일본과 교역하기 위해 왔다가 조선에 잘못 도착하거나, 조선에 통상을 요구하기 위해 접근했어요.

서쌤의 족집게
이양선이 출몰해서 조선과의 통상을 요구했지만, 흥선 대원군은 강력하게 반대했어요. 반면에 통상을 하자는 세력도 있었답니다.

어휘 쑥쑥
통상 나라들 사이에 물품을 사고파는 것을 말해요.

한능검 퀴즈
1871년 흥선 대원군이 47개만 남기고 모두 정리한 교육 기관은?

정답: 서원

4월 25일 체크

영광탑과 이불병좌상

영광탑은 현재 남아 있는 유일한 발해의 탑으로 벽돌로 만들어진 전탑이에요. 발해의 또 다른 유물인 이불병좌상은 두 명의 부처가 나란히 앉아 있는 모습의 불상으로, 고구려의 영향을 받았답니다.

 아치 모양의 입구가 있는 영광탑은 중국 지린성에 있어요. 두 개의 부처가 나란히 앉아 있는 모습이 인상적인 이불병좌상은 고구려 금동 연가 7년명 여래 입상처럼 광배가 있습니다. 고구려의 영향을 받은 작품이 확실하지요!

 각 시대를 대표하는 문화재는 참 중요하겠지요? 발해의 대표 문화재는 **영광탑**과 **이불병좌상**, 이 둘입니다. 꼭 기억하세요!

 당나라에서 해동성국이라고 부를 정도로 번성한 때가 있었던 나라는?

정답: 발해

서원 철폐

1871년에 흥선 대원군이 나라의 재정에 부담이 되는 서원들을 정리하기 위해 47개만 남기고 모두 없앤 일이에요. 서원은 유학자들이 지방에서 학생들을 모아 유학을 가르치던 학교였는데, 조선 후기에 붕당의 근거지가 되고 특권을 누려 문제가 되었지요.

서원은 세금을 면제받고 토지와 책, 노비 등을 국가로부터 받는 등의 혜택을 누리고 있었어요. 그래서 흥선 대원군의 정책 중 서원 철폐는 양반들의 분노를 살 수밖에 없었어요.

흥선 대원군의 개혁 정책 중 양반의 반발을 산 대표적인 것이 바로 서원 철폐라는 사실을 기억하세요.

임진왜란 때 불에 탄 경복궁을 중건한 인물은?

정답: 흥선 대원군

주자감

발해의 제3대 왕인 문왕 때 설치한 국립 교육 기관이에요. 문왕은 주자감 설치 외에도 당나라의 3성 6부 체제를 도입하였는데, 그대로 따라하지 않고 발해만의 독자적인 이름을 붙였답니다. 바로 정당성, 중대성, 선조성 3성과 충, 인, 의, 지, 예, 신 6부로 이름 붙였지요.

각 나라의 국립 교육 기관은 꼭 알아 두어야 해요. 신라의 국립 교육 기관은 신문왕 때 세운 국학이지요. 고구려는 소수림왕 때 태학, 발해는 주자감, 앞으로 나올 고려는 국자감, 조선은 성균관이에요.

독자적 다른 것과 구별되는 혼자만의 특유한 것을 말해요.

고구려 금동 연가 7년명 여래 입상의 영향을 받은 발해의 불상은?

정답: 이불병좌상

9월 03일 체크 ✓

경복궁 중건

흥선 대원군은 임진왜란 때 불타 버린 조선의 법궁 경복궁을 중건했어요. 경복궁을 다시 지은 이유는 세도 정치 때문에 땅으로 떨어진 왕권을 강화하기 위해서였어요.

흥선 대원군은 경복궁을 이전보다 크고 화려하게 지으면서 건축비를 마련하기 위해 강제로 기부금을 걷고, 백성들에게 힘든 공사를 시켰지요. 또, 높은 가치의 돈을 찍어 내서 물가가 치솟아 백성들은 불만이 생겼지요.

중건 절이나 궁을 보수하거나 고쳐 짓는 것을 말해요.

세도 정치로 혼란에 빠진 나라를 바로잡고, 서양 문물이 조선에 들어오는 것을 반대했던 인물은?

정답: 흥선 대원군

4월 27일 체크 ✓

후삼국 시대

900년에 후백제, 901년에 후고구려가 세워져서 통일 신라까지 세 나라가 존재하던 시대를 말해요. 후고구려를 이은 고려가 936년에 후삼국을 통일하면서 마무리되지요.

918년에 왕건이 궁예를 몰아내고 당시 태봉(후고구려에서 이름이 바뀜)이었던 나라 이름을 고려로 바꾸었어요. 그 후 왕건은 신라의 항복을 받고, 후백제를 멸망시키면서 936년에 후삼국을 통일시킨 거예요.

고려는 후삼국 통일로 새롭게 만들어진 나라가 아니라 이전에 이미 있었던 나라였어요. 그 **고려가 후삼국을 통일**시킨 겁니다.

주자감은 어느 나라의 국립 교육 기관인가요?

정답 : 발해

9월 02일 체크

흥선 대원군

고종의 아버지로 이름은 이하응이에요. 어린 고종을 대신해 1863년부터 약 10년간 조선을 다스렸어요. 대원군은 왕이 후손이 없어 친척이 왕위를 이어받았을 때 그 왕의 아버지를 부르는 이름이에요. 흥선 대원군은 세도 정치 시기에 혼란해진 나라를 바로잡으려 노력했고, 서양의 문물이 조선으로 들어오는 것을 반대했어요. 또, 양반들이 누리던 특권을 철폐하려 애썼답니다.

왕을 대신해 섭정하면서 최고의 권력을 휘두른 흥선 대원군의 개혁 정책은 백성으로부터 박수를 받기도 했지만, 때론 백성을 힘들게 하기도 했어요. 앞으로 며칠간 흥선 대원군의 정책에 대해 자세히 알아볼게요.

철폐 이전에 있던 제도나 규칙 등을 걷어치워서 없애는 것을 말해요.

고종이 어린 나이에 왕이 되는 바람에 아들 대신 조선을 다스린 인물은?

정답: 흥선 대원군

견훤

수도를 완산주(전주)로 정하고 900년에 후백제를 세웠어요. 백제 부흥을 목표로 노력했지만, 고려 왕건과의 전투에서 패배했지요. 그 후, 아들 신검에게도 배신당하고 결국 왕건에게 항복한답니다.

고려 왕건이 후삼국을 통일하는 과정에서 견훤이 후백제 멸망과 함께 죽었다고 생각하면 안 됩니다. 견훤은 처음에는 고려의 왕건과 싸웠지만, 나중엔 왕건에게 항복하고 배신한 아들 신검이 이끄는 후백제 군대와 싸우게 된답니다.

신검 견훤의 맏아들로, 견훤이 왕의 자리를 넷째 아들 금강에게 물려주려 하자 금강을 죽이고 견훤도 절에 가두었어요.

(OX 퀴즈)후삼국이 통일되어 새로운 나라 고려가 세워졌다.

X : 답정

9월 01일 체크 ✓

고종

조선의 제26대 왕이자 대한 제국의 초대 황제입니다. 12살의 어린 나이에 왕위에 오르는 바람에 아버지인 흥선 대원군이 대신 섭정을 했지요. 왕위에 오르고 10년 후인 22살에 친정을 하게 됩니다.

고종 집권기에는 한국사적으로 큰 의미가 있는 여러 가지 일이 일어납니다. 을미사변, 아관 파천, 광무 개혁, 헤이그 특사 파견 등 중요한 사건들을 앞으로 함께 살펴볼게요.

섭정과 친정 섭정은 임금이 직접 통치할 수 없을 때 임금을 대신해 나라를 다스리는 것이고, 친정은 임금이 직접 나랏일을 돌보는 것을 말해요.

'까치와 호랑이' 같은 민화가 발달한 시기는?

정답: 조선 후기

4월 **29일** 체크

궁예

901년에 후고구려를 세운 신라 왕족 출신의 승려예요. 왕의 자리에 있을 때 자신이 미륵불, 즉 미래의 부처라 주장하며 신하들을 의심하고 괴롭혔대요. 결국 신하들의 추천을 받은 왕건에 의해 왕의 자리에서 쫓겨난답니다.

후고구려와 관련해서 한국사 시험에 가장 많이 나오는 것은 궁예가 나라를 세우고 만든 '광평성'이에요. 나라의 모든 일을 총괄하는 최고 관청이었지요.

궁예는 승려니까 머리카락이 없어 빛이 나겠죠? **빛 광 → 광평성**을 기억하세요!

견훤이 세운 후백제의 수도는?

정답: 완산주(전주)

조선 후기 ②

4월 30일 체크

일리천 전투

936년에 일리천에서 있었던 고려와 후백제 사이의 전투예요. 일리천은 낙동강의 한 줄기로, 지금의 경상북도 구미시 지역에 있어요. 이곳에서 고려의 왕건은 스스로 왕위에 오른 후백제의 왕이자 견훤의 아들인 신검과 맞서 대규모의 전투를 벌이게 됩니다. 결국 왕건이 이 전투에서 크게 이기면서 후삼국 통일이 완성됩니다.

후삼국 통일 과정 간단히 알아볼게요. 공산 전투(왕건의 고려와 싸운 견훤의 후백제 승리) → 고창 전투(견훤의 후백제와 싸운 왕건의 고려 승리) → 견훤 고려에 항복 → 신라 경순왕 항복 → 일리천 전투(신검의 후백제와 싸운 왕건의 고려 승리) → 후삼국 통일

한국사 시험에 자주 나오는 후삼국 통일 과정, 앞 글자만 따서 **공고 견신일**로 기억하세요! **공산** 전투-**고창** 전투-**견훤** 항복-**신라** 항복-**일리천** 전투

후고구려의 궁예가 만든 나라의 모든 일을 총괄하는 최고 관청은?

광평성: 답율유

8월 31일 체크

민화

일반 서민들이 그린 그림이라는 말인데, 조선 후기에 많이 그렸어요. 그림의 소재는 서민들의 생활과 관련된 것들이 많았고, 그림에 소질은 있지만 전문적인 공부를 하지 않은 일반 서민들이 그렸다고 해요.

▶ 호작도

서쌤의 족집게
민화는 문인화와는 달리 그림의 구성이 파격적이고, 대상물을 웃기게 표현하거나 특징을 과장하여 그리는 것이 특징이라고 해요. 대표적인 민화로 '호작도(까치와 호랑이)'가 있어요.

어휘 쑥쑥
문인화 전문적인 직업 화가가 아닌 시인, 학자 등의 사대부 계층 사람들이 취미로 그린 그림이에요.

한능검 퀴즈
판소리가 발달한 시기는?

정답: 조선 후기

5월

고려

8월 30일 체크 ✓

판소리와 탈놀이

판소리는 소리꾼이 고수의 장단에 맞추어 창(소리), 아니리(말), 너름새(몸짓)를 섞어가며 긴 이야기를 이어가는 것을 말해요. 탈놀이는 탈을 쓰고 다른 사람이나 동물로 분장하고 하는 놀이와 춤으로 연극과 비슷해요.

판소리와 탈놀이는 조선 후기 서민 문화가 발전되는 중요한 흐름을 담고 있어요. 특히 탈놀이는 장터나 사람이 많이 모이는 곳에서 공연했는데, 양반을 풍자하거나 서민들의 생각과 감정을 솔직하게 담고 있어서 인기가 많았다고 해요.

판소리와 탈놀이 역시 조선 후기에 발전한 문화적 흐름으로 중요하니 꼭꼭 기억하세요!

서얼의 신분 상승 운동이 일어났던 시기는?

5월 01일 체크 ✓

고려

918년 왕건은 포악한 정치를 해서 민심을 잃은 궁예를 몰아내고 철원에서 송악(지금의 개성)으로 수도를 옮기며 나라 이름을 고려로 바꾸었어요. 그 후 신라의 항복을 받아 내고, 후백제를 멸망시키며 936년 후삼국을 통일하지요.

KOREA라는 우리나라의 영어 이름이 고려 시대에 생겨났다는 얘기가 있어요. 나중에 다시 공부하겠지만 국제 무역항인 벽란도를 드나드는 아라비아 상인들이 고려를 아랍어로 발음하다가 KOREA가 되었답니다.

아라비아 상인 아시아와 유럽, 아프리카 북부에 걸쳐 무역 활동을 하던 서아시아의 이슬람 상인을 말해요.

신검의 후백제를 고려의 왕건이 물리치고 후삼국 통일을 완성한 전투는?

정답: 일리천 전투

8월 29일 체크 ✓

『홍길동전』

조선 후기 허균이 지은 소설로, 최초의 한글 소설로 알려져 있어요. 얼자로 태어나 차별을 받던 홍길동이 집을 나가 탐관오리를 혼내 주는 이야기를 담고 있어요. 내용 중 '아버지를 아버지라 부르지 못하고'라는 문장은 당시 서얼을 차별하는 신분제를 잘 나타내고 있어요. 홍길동이 아버지를 아버지라 부르지 못한 이유는 어머니가 천민인 노비 출신이었기 때문이지요.

서얼은 서자와 얼자를 이르는 말로, 양반과 본부인이 아닌 아내 사이에 낳은 아들을 말해요. 서자는 양반과 양인 여성 사이의 아들, 얼자는 양반과 천민 여성 사이의 아들이지요. 조선 후기에는 신분제가 흔들리면서 서얼도 신분 상승이 가능해졌어요.

탐관오리 백성의 재물을 탐내어 빼앗는, 행실이 깨끗하지 못한 관리를 말해요.

서민 문화가 발달하고 한글 소설이 유행한 시기는?

정답: 조선 후기

태조 왕건

민심을 잃은 궁예를 몰아내고 고려의 첫 번째 왕이 된 사람이에요. 왕이 된 뒤 후삼국을 통일했지요. 지방 호족들을 포섭하기 위해 호족의 딸과 결혼해 아내가 무려 29명이었어요. 호족을 견제하기 위해 기인 제도를 실시했지요.

태조 왕건은 호족을 포섭하는 동시에 견제하는 정책도 실시했답니다. 포섭을 위해 결혼 정책을, 견제를 위해 기인 제도를 실시했다는 것이 중요하지요. 기인 제도는 지방 세력가의 자식을 수도에 머물게 하는 일종의 인질 제도예요.

포섭과 견제 포섭은 상대편을 자기편으로 감싸 끌어들이는 것, 견제는 상대편이 지나치게 세력을 펴거나 자유롭게 행동하지 못하게 억누르는 것을 말해요.

고려 시대의 국제 무역항은?

정답: 벽란도

8월 28일 체크

한글 소설

조선 후기, 서민들의 문화가 발달하면서 유행한 한글로 된 소설이에요. 한글 소설은 한자를 모르는 서민들에게 인기가 많았는데, 지은이가 누구인지 모르는 경우가 많아요.

한글 소설 같은 서민 문학은 서민들이 가진 바람을 잘 표현했기 때문에 서민들에게 많은 사랑을 받았어요. 대표적 한글 소설로는 여러분이 너무나 잘 아는 『홍길동전』, 『춘향전』, 『심청전』 등이 있답니다.

서민 문화 발달 및 한글 소설의 유행도 조선 후기의 중요한 문화적 특징입니다.

『양반전』, 『호질』, 『허생전』 등을 쓴 조선 후기 실학자는?

정답: 박지원

훈요 10조

'왕이 지켜야 할 10가지 중요한 가르침'이라는 뜻으로, 태조 왕건이 후손에게 남긴 10가지 가르침이에요. 고려가 어떤 목표와 방향을 가지고 통치를 했는지 알 수 있는 자료이지요. 훈요 10조에는, 불교를 장려할 것, 연등회와 팔관회를 성실하게 열 것, 거란의 언어와 풍습은 본받지 말 것, 서경을 중요시 할 것 등과 같은 내용이 담겨 있다고 해요.

훈요 10조는 후대 왕들에게 남긴 것인데, 왕건은 관리들이 지켜야 할 규범도 남겼어요. 바로 '정계'와 '계백료서'라는 것이에요. 후손에게 남긴 것과 관리들에게 남긴 것 구분해서 기억해 두세요.

숭상과 배척 숭상은 높여 소중히 여기는 것이고, 배척은 거부하여 밀어 내치는 것을 말해요.

고려 태조 왕건이 실시한 제도로 지방 호족의 자제를 수도에 머물게 한 것은?

정답: 기인 제도

8월 27일 체크

박지원

조선 후기의 대표적인 유학자, 실학자이자 소설가로, 호는 연암이에요. 실학자 중에서도 상공업의 발달과 과학 기술에 관심을 기울였던 중상학파 실학자로 상업의 발달을 위해 선박과 수레의 중요성을 강조했어요.

실학자인데, 소설도 아주 잘 썼지요!

박지원이 청나라를 다녀와서 쓴 기행문인 『열하일기』, 양반을 풍자한 소설 『양반전』, 그리고 『호질』, 『허생전』 등의 작품을 꼭 기억해 주세요.

풍자 현실의 부정적 현상이나 모순을 빗대어 비웃으면서 쓰는 것을 말해요.

조선 후기 실학자 서유구가 쓴 농업 백과사전의 이름은?

정답: 『임원경제지』

5월 04일 체크

연등회

부처의 탄생일에 불을 켜고 복을 비는 의식이에요. 어제 배운 훈요 10조에도 나와 있듯이 불교를 숭상했던 태조 왕건은 연등회와 더불어 도교와 불교, 토속 신앙이 합해진 행사인 팔관회도 크게 열었답니다.

훈요 10조의 가르침대로 고려 초기 잘 진행되던 연등회와 팔관회가 고려 성종 때에 변화를 맞게 됩니다. 성종은 유교와 유학을 중시한 왕이었기 때문에, 연등회를 축소하고 팔관회는 폐지했다는 것 알아 두세요.

팔관회 불교와 토속 신앙이 어우러진 종교 행사로 나라의 안녕을 빌며 임금과 신하가 한자리에서 즐기는 큰 축제였어요.

태조 왕건이 후대 왕들에게 남긴 10가지 가르침은?

정답: 훈요 10조

『임원경제지』

조선 후기 실학자 서유구가 쓴 농업 중심의 백과사전이에요. 임원은 농촌을, 경제는 살림살이를 뜻해서 농촌의 살림살이로 풀이되지만, 농업 외에도 여러 분야의 상식들이 수록되어 있는 초대형 백과사전입니다.

조선 후기 여성 실학자인 빙허각 이씨가 쓴 『규합총서』는 장 담그기, 술 빚기, 수놓기, 누에치기 방법 등을 적어 놓은 가정 백과사전이라는 것 참고로 알아 두세요.

서유구의 『임원경제지』 역시 조선 후기의 작품이라는 사실을 꼭 알아 두세요.

북한산비가 신라 진흥왕의 순수비임을 밝힌 학자는?

정답 : 김정희

5월 **05**일 체크 ✓

서경

옛 고구려의 수도인 평양을 일컫는 말입니다. 고려 시대에는 수도인 개경(개성)외에 3경을 두었는데, 남경(서울), 옛 신라의 수도인 동경(경주) 그리고 서경이에요.

한국사에서 서경은 정말 많이 나오는 지역이에요. 고구려의 마지막 수도인 평양성도 서경이었고, 고려 인종 때 일어난 묘청의 난 때에도 승려 묘청이 서경 천도를 주장하거든요.

서경은 그저께에도 나왔었죠? 서경을 중시하라고 했던 **태조 왕건**의 **훈요 10조** 꼭 기억하세요!

연등회를 축소하고 팔관회를 폐지한 고려의 왕은?

정답: 성종

김정희

조선 후기의 서예가이자 비석에 새겨진 글자를 연구하는 학자예요. 호는 추사이고, 그의 글씨체는 추사체라고 부르지요. 글씨는 물론이고 그림과 시와 산문에 이르기까지 뛰어난 경지에 이른 인물이지요.

한국사 시험에 가장 많이 나오는 김정희와 관련된 내용은 다름 아닌 북한산 순수비가 신라 진흥왕의 것이라는 것을 밝혀냈다는 것이에요. 그전까지는 그것이 무학대사의 비석인 줄 알았거든요.

경지 학문, 예술, 인품 등에서 일정한 특성과 체계를 갖춘 독자적인 범주나 부분을 말해요.

김정호가 만든 지도로 10리마다 눈금을 표시해 실제 거리를 예측할 수 있게 한 것은?

정답: 대동여지도

5월 06일 체크

고려 광종

고려 제4대 왕으로 왕권 강화를 위해 많은 일들을 했어요. 광덕, 준풍이라는 연호를 사용하며, 주변에 황제국임을 선포했지요. 또, 억울하게 노비가 된 사람을 풀어주는 노비안검법을 실시했고, 한국사 최초로 과거 제도를 실시했어요. 그래서 고려 왕조의 기초를 세운 왕이라고 불리고 있어요.

통일 신라에 왕권을 강화한 왕이 신문왕이라면 고려엔 광종이지요. 연호를 사용했다는 얘기는 강력한 왕권으로 황제의 나라임을 알리고자 했다는 뜻이지요.

광종의 연호는 ㄱㅈ으로 외워 보세요. 광종의 ㄱㅈ → 광덕, 준풍도 ㄱㅈ.

서경 천도를 주장한 고려 시대 승려는?

정답 : 묘청

8월 24일 체크

대동여지도

고산자 김정호가 만든 한반도의 지도로 총 22첩으로 구성되어 있고, 10리마다 눈금을 표시해서 지도를 보는 사람이 거리를 쉽게 알아볼 수 있도록 했어요. 이전의 지도에 비해 매우 정확하고 과학적으로 만들어졌기 때문에 조선의 대표 지도라고 할 수 있지요.

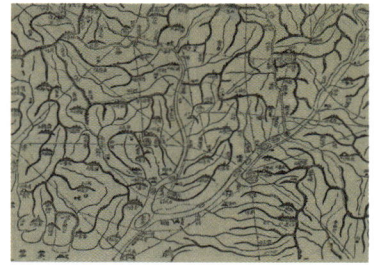

대동여지도는 산과 하천, 바다, 섬, 마을뿐 아니라 기호를 이용해 성터, 온천 등이 어디에 있는지, 길이 어디에서 어떻게 이어져 있는지까지 자세하게 나타냈다고 해요. 게다가 오늘날의 지도와 거의 일치할 정도로 정확하다고 해요.

대동여지도는 이전의 어떤 지도보다 자세하고 정확하며, 백성들이 지도만 보고도 거리를 예측할 수 있도록 보기 쉽게 만들어졌다는 사실, 꼭 기억하세요.

고산자 김정호는 어느 시기에 활약한 지리학자인가요?

정답: 조선 후기

5월 07일 체크

노비안검법

억울하게 노비가 된 사람을 원래대로 양민이 되게 해 준 법이에요. 후삼국을 통일하는 과정에서 포로가 된 노비들이 많이 생겼고, 통일 신라 말부터 호족들이 불법적으로 데리고 있던 노비도 많았거든요. 호족이 너무 많은 노비를 데리고 있으면 경제적, 군사적으로 나라에 위협이 될 수 있기 때문에 광종은 제대로 조사해서 원래의 신분을 되찾아 주었답니다.

노비안검법으로 호족이 불법적으로 소유하고 있던 노비들이 양민으로 해방되었으니, 호족의 힘은 약해졌겠지요? 게다가 양민이 된 백성들이 국가에 세금을 내게 되니 나라의 재정도 튼튼해졌어요. 그래서 노비안검법은 왕권 강화 정책인 거예요.

양민 고려 시대 중류층과 천민 사이의 계급으로, 대부분 농민이었지요. 천민과 달리 국가에 세금을 내야 했어요.

고려 광종 때의 연호는?

정답: 광덕, 준풍

8월 **23**일 체크 ✓

김정호

조선 후기, 순조 이후에 활약한 지리학자로 호는 고산자예요. 여러 지리서들을 모아 연구하여 매우 정밀한 조선 지도인 대동여지도를 만들었어요.

서쌤의 콕집게
어려서부터 지도에 관심이 많았던 김정호는 실학자 최한기의 도움을 받으며 여러 지도와 지리서를 연구하고 참고해 대동여지도를 만들었다고 해요.

콕콕 암기
조선의 대표적인 지리학자이며 지도 제작자인 김정호가 조선 후기의 사람임을 기억하세요.

한능검 퀴즈
왕의 외가 친척 같은 몇몇 가문이 나라 운영을 마음대로 했던 정치를 일컫는 말은?

정답: 세도 정치

5월 08일 체크

과거 제도

광종 때 신하인 쌍기의 건의로 실시된 관리 선발 제도예요. 유교 경전 해석 능력, 글을 잘 쓰는 능력 등을 시험하여 관리를 뽑았답니다. 과거 제도는 고려뿐만 아니라 조선까지, 거의 천 년 가까이 지속되었어요.

과거 제도 시작이 고려 광종 때라는 사실을 꼭 알아 두어야 해요. 과거 제도는 왕권 강화에도 도움이 되었어요. 과거 제도의 최종 합격자를 뽑는 것은 왕의 권한이었으니, 왕에게 뽑힌 관리들은 충성을 다하지 않았겠어요?

고려와 조선의 과거 제도는 차이가 있어요. 불교를 숭상했던 고려에는 승과가 있고, 무과가 없었어요. 반대로 유교를 중시한 조선에는 승과가 없고, 무과는 있었지요.

고려 광종이 실시한 법으로 억울하게 노비가 된 양민을 풀어준 것은?

정답: 노비안검법

세도 정치

몇몇 가문이 나라 운영을 마음대로 하는 정치를 말해요. 조선 후기 주로 왕실과 혼인 관계에 있는 가문에 의해 이루어졌는데, 순조, 헌종, 철종의 약 60년간 세도 정치 시기가 이어졌어요.

세도 정치로 백성들의 생활은 아주 어려워졌어요….

세도 정치를 했던 안동 김씨와 풍양 조씨 가문 사람들은 모든 권력을 독차지했기 때문에, 실력이 있는 인재도 벼슬을 할 수 없었지요. 게다가 나라의 벼슬을 돈을 받고 파는 등 부정부패를 일삼았고, 세금을 가혹하게 거두어서 백성들의 생활은 더욱 어려워졌어요.

세도 정치 시기 역시 조선 후기, 바로 순조, 헌종, 철종 시기였다는 것 기억하세요.

정조의 아들로 어린 나이에 왕이 되어 수렴청정을 받느라 힘들게 나라를 다스렸던 왕은?

정답 : 순조

고려 성종

고려 제6대 왕인 성종은 참 많은 일을 했어요. 국립 교육 기관인 국자감을 설치하고, 지방 12목에 관리를 파견했으며, 의창과 상평창을 설치했답니다. 그리고 최승로라는 신하를 등용해 유교 정치를 실시했어요. 또, 거란의 1차 침입 때 뛰어난 외교 솜씨를 가진 신하 서희를 보내 해결했지요.

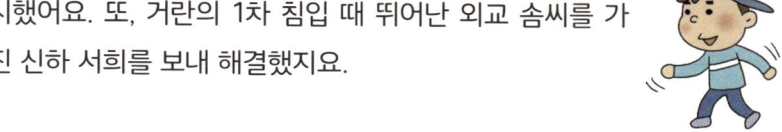

고려든 조선이든 이름에 '성' 자가 들어가는 왕은 이름 뜻 그대로 많은 것을 이루어 낸 왕이에요. 그래서 한국사 시험에서 중요하게 다뤄집니다.

등용 인재를 뽑아서 쓰는 것을 말해요.

광종에게 과거제를 실시할 것을 건의한 인물은?

정답: 최승로

8월 21일 체크

순조

조선 제23대 왕으로 11세에 왕위에 올랐어요. 아버지 정조의 갑작스런 죽음으로 너무 어린 나이에 왕이 되었기 때문에, 증조할머니인 대왕대비 정순왕후가 수렴청정을 했고, 그 후엔 장인인 안동 김씨 가문이 나라를 쥐락펴락했어요.

서쌤의 족집게
정순왕후가 죽은 뒤에는 장인인 안동 김씨 가문의 사람들이 벼슬자리를 독차지하며 나랏일을 마음대로 처리했지요. 이들은 오직 가문의 이익에만 관심을 쏟았기 때문에 백성들의 삶은 힘겨워질 수밖에 없었어요.

수렴청정 임금이 어린 나이로 왕위에 올랐을 때, 왕대비나 대왕대비가 왕을 도와 정사를 돌보던 일을 말해요.

'미인도', '월하정인' 등을 그린 조선 후기 화가는?

정답: 신윤복

5월 10일 체크

국자감

유능한 관리들을 기르기 위해 세운 고려의 국립 교육 기관으로 성종 때 설치되었어요. 높은 관리의 자제가 입학할 수 있는 유학부와 낮은 관리와 서민의 자제가 들어갈 수 있는 기술학부로 나누어져 있었답니다.

"유능한 인재를 길러야지!"

각 나라의 국립 교육 기관은 잘 알아 두어야 한다고 했던 것 기억하죠? 복습과 예습 한번 해 볼게요. 통일 신라는 국학, 발해는 주자감, 고려는 국자감, 조선은 성균관!

자제 남을 높여 그의 아들을 이르는 말이에요.

국자감은 어느 시대 국립 대학인가요?

정답: 고려

8월 20일 체크

신윤복

조선 후기를 대표하는 화가로, 호는 혜원이에요. 도화서 화원으로 일한 적이 있는 직업 화가였는데, 풍속화와 산수화를 잘 그렸어요. 특히, 신윤복의 풍속화는 옷차림이나 살림살이, 풍속 등을 아주 사실적으로 표현하고 있어서 조선 후기 생활 모습을 생생하게 전해 주고 있어요.

▶ 월하정인

서쌤의 족집게
김홍도와 마찬가지로 조선 후기 풍속화의 대가로, 특히 여인의 그림, 남녀가 사랑하는 내용의 그림을 많이 그렸답니다. '미인도', '월하정인'과 같은 그림을 그렸지요.

어휘 쑥쑥
도화서 조선 시대 그림에 관한 일을 맡아 보던 관청이에요.

한능검 퀴즈
'서당', '씨름', '타작' 등 수많은 작품을 남긴 조선 후기 대표적인 풍속 화가는?

정답: 김홍도

5월 11일 체크

시무 28조

고려 성종 때 유학자이자 문신이었던 최승로가 건의한 28가지 정책이에요. 지방관을 파견할 것, 불교 행사를 축소하고 유교적 정치 이념을 확립할 것 등의 내용이 포함되어 있어요.

고려 성종은 여러 신하들의 의견 중 최승로의 시무 28조를 채택해서 국가 체제를 정비했답니다. 그래서 전국 12목에 지방관을 파견하고, 연등회를 축소하고 팔관회를 폐지했으며, 국자감을 설치해서 유학 교육에 신경을 썼지요.

성종이 **최승로의 시무 28조**를 받아들여 실시한 여러 정책을 꼭 기억해 주세요!

발해의 국립 교육 기관은?

정답: 주자감

8월 19일

김홍도

조선 후기를 대표하는 화가로 호는 단원이에요. 영조, 정조에 이어 순조 때까지 활약했어요. 모든 분야의 그림을 잘 그렸지만, 특히 풍속화와 산수화는 그 실력을 따라올 사람이 없었다고 해요. 김홍도의 산수화는 우리나라의 자연을 잘 표현했고, 풍속화는 서민들의 생활 모습을 재미있고 생동감 있게 그려 냈다고 해요.

▲ 서당

김홍도는 당시 유행하던 중국의 화풍에서 벗어나 자신만의 새로운 화풍을 개척하기도 했어요.

김홍도가 조선 후기의 화가라는 사실과 '서당', '씨름', '타작' 등의 작품을 꼭 기억하세요.

작은 물건을 파는 보상과 큰 물건을 파는 부상을 합한 말로 장시에서 활동한 상인은?

정답 : 보부상

5월 **12일** 체크 ✓

의창과 상평창

고려 성종 때 설치한 기구들이에요. 의창은 태조 왕건이 설치한 흑창을 이어 받은 것으로 가난한 백성을 돕는 기구였고, 상평창은 물가 조절의 기능을 했어요.

한국사에서 백성들의 삶의 질 향상을 위해 설치한 사회 기구들은 매우 중요해요. 고려 성종은 가난한 백성에게 곡식을 빌려주는 의창뿐만 아니라 물가가 항상 일정하게 유지되도록 하는 상평창까지 설치하여 백성을 보살핀 왕이랍니다.

가난한 백성을 돕는 빈민 구휼 제도는 시대별로 정리해 두세요. **고구려 고국천왕의 진대법-고려 태조 왕건의 흑창-고려 성종의 의창.**

고려 성종에게 시무 28조를 건의한 유학자는?

정답: 최승로

보부상

농촌의 장시를 돌아다니며 활동한 상인으로, 부피가 작지만 가치가 높은 물건을 판매하는 보상(봇짐장수)과 부피가 크고 가치는 낮은 물건을 파는 부상(등짐장수)을 함께 일컫는 말이에요.

보상들은 조직을 만들고 규칙을 정해서 지나친 이익을 남기거나 속이지 않도록 엄히 단속했다고 해요. 보상과 부상은 서로의 영역도 침범하지 않았어요. 보부상은 관청과 긴밀히 연결되어 있던 조직이라는 것도 참고로 알아 두세요.

장시와 함께 **보부상**의 활약 역시 조선 후기의 상업적 특징을 잘 말해 주는 일이에요.

조선 후기 상업의 발달로 전국 곳곳에서 열렸던 정기 시장은?

정답: 장시

5월 13일 체크

거란

5세기 중엽부터 고비 사막 남쪽 내몽골의 시라무렌강 유역에 살던 유목 민족이에요. 10세기 초 발해를 멸망시키고, 고려에도 세 번이나 쳐들어왔어요.

거란이 세 번이나 고려를 침략한 사실과 그때마다 고려에서는 누가 거란에 맞서 활약했는지를 기억해 주세요. 한국사 시험에 아주 잘 나오니 앞으로 며칠간 설명할게요.

강원도 춘천에 가면 소양강이 있어요. 거란의 침입은 **서양강**으로 외워 주세요! 1차 **서희**, 2차 **양규**, 3차 **강감찬** → **서양강**이에요.

고려 태조 왕건 때의 빈민 구휼 제도는?

흑창 : 倉黑

8월 17일 체크 ✓

장시

조선 후기 상업의 발달로 전국 곳곳에서 열렸던 정기 시장이 장시예요. 5일마다 열리는 5일장이 대표적이었는데, 장시가 열리는 날이면 사람들이 몰려들어 생활에 필요한 물건들을 사고팔았지요. 이때 보부상이 맹활약했어요.

대표적인 장시는 5일장이에요!

조선 후기 장시의 수가 크게 늘어난 것은 사회적인 변화 때문이에요. 상품작물을 재배하기 시작했고 수공업이 발달해 여러 가지 공산품이 만들어졌지요. 또, 화폐가 널리 쓰이면서 물건을 사고팔기가 쉬워졌어요.

장시의 발달 역시 조선 후기의 중요한 상업적 특징이에요. 조선 후기는 정말 중요한 시기예요.

인삼, 담배, 고추 등의 상품작물 재배가 활발해진 시기는?

정답: 조선 후기

5월 14일 체크

서희의 외교 담판

고려 성종 때 거란의 1차 침입이 있었는데, 서희가 싸우지 않고 거란 장수 소손녕을 말로 설득해 오히려 압록강 동쪽의 땅인 강동 6주를 얻어 냈답니다.

서쌤의 족집게
고려 시대에는 거란, 여진, 몽골, 홍건적, 왜 등 외세의 침략이 참 많았어요. 그중 거란은 총 세 번 쳐들어옵니다. 2, 3차 침입과는 달리 1차 침입 때는 싸움이 없었어요. 바로 서희의 뛰어난 말솜씨 때문이었답니다.

어휘 쑥쑥
강동 6주 압록강 동쪽의 6개 주인 흥화진, 용주, 철주, 통주, 곽주, 귀주를 말해요.

한능검 퀴즈
발해를 멸망시킨 유목 민족은?

정답: 거란

8월 16일 체크

상품작물

말 그대로 시장에 상품으로 내놓을 목적으로 재배하는 작물을 뜻해요. 먹기 위해 재배하는 쌀, 보리, 밀과 대비되는 작물로, 인삼, 담배, 고추, 목화 등이 있어요.

모내기법과 마찬가지로 상품작물의 재배도 조선 후기의 중요한 경제적 특징이라는 것, 꼭 기억하세요. 조선 후기의 경제적, 사회적, 문화적 특징이 거의 매번 시험에 나온답니다.

작물 논밭에 심어 가꾸는 곡식이나 채소를 말해요.

조선 후기에 유행한 농법으로 광작과 생산량의 증가를 가져온 것은?

정답: 모내기법

초조대장경

고려 현종 때 부처의 힘으로 거란의 침입을 막아 내기 위해 만들기 시작해 76년 후에 완성된 대장경이에요. 안타깝게도 몽골의 침입 때 다 불타 버렸어요. 초조대장경은 다시 만든 팔만대장경과 비교하기 위한 이름으로, 처음 만들었다는 뜻의 '초조'를 붙여 부르고 있어요.

안타깝게도 불타서 우리는 볼 수가 없어요!

초조대장경은 거란 침입을 대비해서, 팔만대장경은 몽골 침입을 대비해 만들었어요. 구분해서 알아 두세요!

대장경 불경을 집대성한 경전으로 목판에 글자를 새겨 만들었어요.

거란의 1차 침입 때 서희가 외교 담판을 통해 얻어 낸 지역은?

정답: 강동 6주

8월 15일 체크

모내기법

모판에서 싹을 틔운 모를 논에 옮겨 심는 농작법으로, 한자로는 이앙법이라고 합니다. 잡초 제거도 쉬워서 노동력이 줄어들었고, 나쁜 모를 골라내고 좋은 모만 골라 심을 수 있어 생산량도 높아졌어요. 모내기법은 이렇게 좋은 농사법이지만, 물이 많이 필요해 조선 후기에 와서야 많이 쓰이게 됩니다.

물이 많이 필요한 농사법인 모내기법이 조선 후기에 많이 쓰일 수 있었던 것은 저수지를 만드는 등 수리 시설이 늘어났기 때문이에요.

모내기법이 널리 쓰이게 되면서 생산량이 늘어 더 넓은 땅을 사서 농사를 짓는 광작이 생겼어요. 이것은 조선 후기의 경제적 특징 중 하나라는 것, 꼭 알아 두세요.

정약전이 『자산어보』를 집필한 곳은?

정답: 흑산도

5월 **16**일 체크 ✓

양규

강조의 정변을 구실로 거란이 2차 침입을 했어요. 강조의 정변은 변방을 지키던 장수인 강조가 목종을 폐위시키고 현종을 왕으로 세운 사건이에요. 이 2차 거란 침입 때 양규 장군은 흥화진 전투, 곽주성 전투 등을 비롯한 여러 전투에서 승리했으며 끝까지 거란에 맞서 싸우다 전사했어요.

 거란의 2차 침입의 원인은 강조의 정변이며, 맞서 싸운 대표 장군은 양규라는 사실을 꼭 기억하세요!

 **폐위** 왕이나 왕비 등의 자리를 없애거나 몰아내는 것을 말해요.

 초조대장경은 누구의 침입을 막기 위해 만들었나요?

정답: 거란

8월 14일 체크 ✓

『자산어보』

정약용의 형 정약전이 신유박해 때 지금의 전라남도에 있는 흑산도에 유배되어 생활할 때 쓴 책이에요. 흑산도 주변 바다에서 관찰한 다양한 바다 생물을 기록했지요.

동생 정약용은 다양한 분야의 책을 썼고, 형 정약전은 물고기 같은 바다 생물에 관한 책인 『자산어보』를 썼다는 것을 꼭 기억하세요.

신유박해 정조가 죽은 뒤 순조가 왕위에 오른 1801년, 천주교를 사교로 규정하고 본격적으로 탄압한 사건을 말해요.

정조가 아버지 사도세자의 묘를 옮기고, 신도시를 건설하기 위해 만든 성은?

정답: 수원 화성

5월 17일 체크

귀주대첩

1018년 거란은 고려에게 강동 6주를 돌려 줄 것을 요구하며, 소배압이 이끄는 10만 대군을 보내 고려를 공격했어요. 이 3차 거란 침입 때 강감찬 장군은 귀주에서 크게 거란군을 물리쳤어요.

 고려는 거란과의 전쟁을 경험하면서 많은 것을 느꼈지요. 그래서 거란의 침입을 대비하기 위해 국경에는 천리장성을 쌓고, 개경에는 나성을 쌓았어요. 천리장성과 나성이 누구의 침략을 대비했다고요? 네, 거란.

 **나성** 성 외곽이나 밖에 겹으로 둘러쌓은 성을 말해요.

 거란 2차 침입 때 흥화진, 곽주성 등에서 열심히 싸운 고려 장군은?

정답 : 양규

8월 13일 체크

수원 화성

정조가 아버지 사도세자의 묘를 옮기면서 신도시를 건설하기 위해 수원에 설치한 성이에요.

수원 화성은 정조의 아버지에 대한 효심을 알 수 있는 건물이지만, 그 뒷면에는 왕권을 더욱 강화하기 위해 화성 건설을 이용한 면도 있다고 해요. 정치적인 분위기를 새롭게 할 필요가 있다고 판단한 것이지요.

수원 화성은 유네스코 세계문화유산으로 지정되었고, 지을 때 정약용의 거중기가 큰 역할을 했다는 것, 꼭 기억하세요!

『경세유표』, 『목민심서』, 『흠흠신서』를 쓴 조선 후기 실학자는?

정답: 정약용

5월 18일 체크

송나라

당나라가 멸망한 뒤, 중국은 '5대 10국'이라 불린 나라들로 나뉘어 있었어요. 이 나라들을 통일한 나라가 송나라예요. 송나라의 첫번째 황제 태조는 황제의 권한을 강화하기 위해 무신들을 억누르는 정책을 펼쳤어요. 과거 시험으로 관리를 뽑고 문신 중심으로 나라를 다스려 학문과 문화, 상업이 크게 발달했지요. 1279년 몽골(원나라)에 의해 멸망했어요.

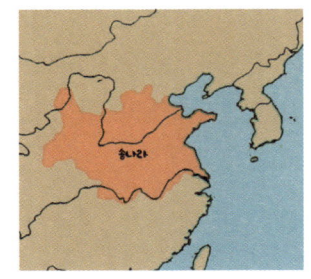

이웃 나라인 중국의 왕조 변화 과정을 알아 두면 좋아요. 우리 역사의 고조선부터 조선 시대까지 중국은 어떻게 변화했는지 적어 볼게요. **한나라-위·진·남북조-수나라-당나라-5대 10국-송나라-원나라-명나라-청나라!**

5대 10국 당나라가 무너지고 난 뒤 약 50년 동안 중국에 15개의 나라가 세워졌는데, 이 나라들을 5대 10국이라 불렀어요.

거란 3차 침입 때 강감찬의 활약으로 대승을 거둔 전투는?

정답: 귀주대첩

8월 12일 체크

『목민심서』

정약용이 쓴 책으로 지방관이 백성을 다스리기 위해 가져야 할 마음과 자세에 관한 책이에요. 관리는 백성의 입장을 먼저 살피고 청렴한 생활을 해야 한다고 강조했지요.

오랜 유배 생활 중 목민심서 외에도 많은 책을 썼지.

어제도 강조했던 다산 정약용의 '1표 2서' 중 대표적인 책이에요. 나머지 두 권, 『경세유표』는 제도 개혁에 관한 책이고 『흠흠신서』는 형법에 관한 책이라는 것도 참고로 알아 두세요.

청렴 성품과 행실이 높고 맑으며, 탐욕이 없는 것을 말해요.

거중기를 만들어 수원 화성 건설을 돕고, 수많은 책을 쓴 조선 후기 실학자는?

정답 : 정약용

5월 19일 체크 ✓

벽란도

고려 시대 국제 무역항으로, 수도 개경 근처 예성강 유역에 있었어요. 이곳에서 송나라, 일본은 물론 멀리 아라비아, 페르시아 상인들까지 물건을 사고팔았지요.

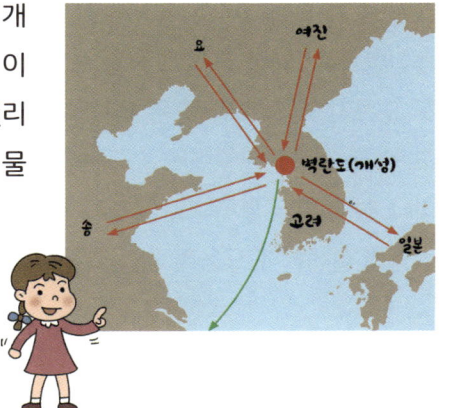

앞에서도 잠깐 얘기했지만, 당시 벽란도에는 아라비아 상인들이 많이 드나들었는데, 이들이 고려의 이름을 아랍어로 발음한 것을 계기로 우리나라의 영어 이름이 KOREA가 되었다고 해요.

신라와 고려의 국제 무역항은 구분해서 알아 두어야 합니다. **신라는 당항성과 청해진, 고려는 벽란도!** 잊지 마세요.

고구려 을지문덕 장군이 수나라 군대를 상대로 크게 승리한 전투는?

정답: 살수대첩

8월 11일 체크

정약용

조선 후기 유학자이자 실학자로, 호는 다산 혹은 여유당이에요. 정조가 추진한 여러 개혁 정책에 힘을 보탰고, 거중기를 만들어 수원 화성 건설도 도왔지요. 정조가 죽은 뒤 천주교인을 탄압하는 신유박해가 일어났고, 이때 정약용은 강진으로 유배를 가게 됩니다. 유배는 죄인을 먼 시골이나 섬에 보내 일정 기간 살게 하던 형벌이에요. 정약용은 그곳에서 백성들의 실생활에 도움이 되는 학문 연구에 힘썼고, 수많은 책을 썼지요.

 정약용이 쓴 책들은 엄청나게 많은데, 그중에서 『경세유표』, 『목민심서』, 『흠흠신서』, 이 세 권은 꼭 알아 두어야 해요. 정약용의 '1표 2서' 꼭 기억하세요!

 **거중기** 도르래의 원리를 이용해 무거운 물건을 들어 올리는 장치예요.

 실학자 유형원, 이익, 정약용 등은 상업과 농업 중 어느 것을 중시했나요?

농업: 답

5월 20일 체크

『삼국사기』

고려 시대에 만들어진 대표적인 삼국 시대에 관한 역사책이에요. 『삼국사기』는 대대로 높은 관직과 신분을 가진 문벌 귀족 김부식이 썼고, 『삼국유사』는 승려 일연이 썼답니다.

 『삼국사기』는 유교적 관점으로 썼고, 『삼국유사』는 불교적 관점에서 썼는데, 설화와 민담 등이 많이 포함되어 있어요. 그래서 단군왕검의 건국 신화는 『삼국유사』에 있지만 『삼국사기』에는 없다는 것, 꼭 알아 두세요.

 이렇게 외워 보세요! 『삼국사기』는 기니까 김부식, 『삼국유사』는 유니까 'ㅇ'이 들어간 일연. 그리고 또 하나! 『삼국사기』는 현재 전해지고 있는 역사책 중 가장 오래되었어요.

 청해진은 어느 시대 무역항인가요?

통일 신라

실학

성리학은 대의명분을 따지느라 백성들의 삶에서 점점 멀어지게 되었어요. 이런 성리학을 반성하며 실제 생활에 도움이 되는 학문의 필요성을 느낀 학자들이 나타났고, 그들이 연구하고 실천한 학문이 실학이에요.

실학자는 농업을 중시한 중농학파와 상업을 중시한 중상학파로 나누어요. 중농학파 실학자에는 유형원, 이익, 정약용, 중상학파에는 박지원, 박제가, 홍대용 등이 있답니다.

중농학파 실학자의 이름에는 신기하게도 모두 '**동그라미(ㅇ)**'가 들어 있어요! **유형원**, **이익**, **정약용**!

1866년 병인양요 때, 프랑스 함대가 불태우고 책을 약탈해 간 우리의 문화유산은?

정답: 외규장각 도서

별무반

고려 숙종 때 여진 정벌을 위해 윤관의 건의로 조직된 특별한 부대예요. 말을 타는 기병인 신기군, 걸어 다니는 보병인 신보군, 승려들로 조직된 군대 항마군으로 구성되었어요.

한국사에는 '별' 자가 들어간 부대가 총 세 개 나오는데, 모두 중요합니다. 그중 첫 번째가 여진 정벌을 위한 특수부대인 별무반예요. 다음은 곧 나오게 될 삼별초, 마지막은 한참 후에 나올 1881년에 구성된 별기군이랍니다.

별무는 **특별한 임무**를 뜻해요. 그 임무가 무엇일까요? 네, **여진 정벌**! 거란 아니고 여진, 중요합니다.

현재 전해지는 우리나라에서 가장 오래된 역사책을 만든 학자는?

정답: 김부식

규장각

조선 시대 왕실 도서관이자 학문과 정책 연구 기관으로, 정조가 한양에 설치했어요. 지금의 창덕궁 후원에 자리 잡은 이곳에 정조는 수만 권의 책을 갖추어 놓고 젊은 학자들을 모아 학문을 연구하게 했다고 해요. 대표적인 학자가 바로 정약용이랍니다.

▲ 규장각 현판

정조는 규장각을 한 개 더 설치했는데, 바로 강화도에 있었던 외규장각입니다. 안타깝게도 1866년 병인양요 때, 프랑스 함대가 쳐들어와서 외규장각을 불태우고 그 안에 있는 책을 빼앗아 갔어요. 한국사 시험에 정말 자주 나오는 내용입니다.

내규장각은 한양, **외규장각**은 강화도에 있었다는 것 기억하세요!

영조의 손자로 할아버지와 마찬가지로 탕평책을 실시한 왕은?

정답: 정조

5월 22일 체크

무신정변

차별을 받아오던 고려 시대 무신들이 1170년에 일으킨 난이에요. 이의방, 정중부 등의 무신이 중심이 되어 일으킨 정변으로 문신과 환관들을 살해하고 정권을 잡았어요.

고려 시대는 1170년의 무신정변을 기준으로 이전은 전기, 이후는 후기로 크게 나눌 수 있어요. 고려 전기에는 호족과 문벌 귀족들이, 무신정변 후 무신 집권기엔 무신이, 그 후에는 권문세족과 신진 사대부가 각각 주도 세력이었음을 알아 두어야 해요.

고려의 시기별 지배 세력, 꼭 알아 두어야 해요. 그 세력을 앞 글자만 따 보면 **호문무권신**이 됩니다. **호**족-**문**벌 귀족-**무**신-**권**문세족-**신**진 사대부

고려 숙종 때 여진을 정벌하기 위해 만든 특수부대는?

정답: 별무반

8월 08일 체크

정조

조선 제22대 왕으로 영조의 손자, 사도세자의 아들이에요. 사도세자는 영조의 둘째 아들로 영조와의 갈등으로 뒤주 속에 갇혀 죽었지요. 영조와 사도세자의 갈등은 당파 싸움과 관련이 있었어요. 왕이 된 정조는 더욱 왕권을 강화하기 위해 탕평책을 써 인재를 고루 등용했다고 해요. 그 외에도 다양한 개혁 정치를 실시해서 조선 후기 문화를 꽃피운 성군으로 평가받고 있어요.

조선의 임금 중 한국사 시험에 가장 많이 나오는 왕 둘을 꼽으면, 세종과 정조입니다. 그만큼 정조가 중요한데, 우선 할아버지 영조와 마찬가지로 탕평책을 실시한 왕이라는 사실 꼭 알아 두세요.

성군 어질고 덕이 뛰어난 임금을 말해요.

영조의 정책으로 군대 가는 대신 내던 군필을 2필에서 1필로 줄여 준 법은?

균역법 : 답정

5월 23일 체크

망이, 망소이의 난

고려 명종 6년(1176년)에 공주에 있는 명학소에서 망이, 망소이 형제를 중심으로 일어난 민란이에요. 무신정변 이후 정권을 잡은 무신들은 이전의 문벌 귀족처럼 정해진 것보다 세금을 더 많이 걷는 등 백성들을 괴롭혔어요. 소에 사는 사람들에게도 세금을 더 걷을 뿐 아니라 심한 차별을 했어요. 그러자 이를 참지 못해 난을 일으켰지만, 관군에게 패해 실패로 끝나게 됐어요.

무신 집권기에는 여러 가지 민란이 일어납니다. 그중에서도 망이, 망소이의 난은 아주 중요하니 꼭 알아 두세요. 이 난은 고려의 특수 행정 구역인 '소'에서 일어났고, 백제의 두 번째 수도인 충남 공주에서 일어난 사건이라는 사실도 놓치지 마세요.

고려의 특수 행정 구역 고려에는 향, 부곡, 소가 있었는데, 이곳에 사는 백성들은 나라에서 시키는 일을 의무적으로 해야 했고, 원하는 곳으로 옮겨 가 살 수도 없었어요.

1170년 이의방, 정중부 등이 문신들을 살해하고 정권을 잡은 사건은?

정답: 무신정변

8월 07일 체크 ✓

균역법

영조 때, 2필 내던 군포를 1필만 내도록 한 법이에요. 조선 시대 양인 남자들은 평소에 농사일을 하다가 전쟁이 나면 군대에 가야 했지요. 이것을 군역이라고 해요. 농사일이 바빠 군역을 빠지려는 사람들은 군포라고 하는 옷감인 베를 나라에 내야 했어요.

영조는 백성을 불쌍히 여긴 왕이었어요!

영조의 업적 중 가장 중요한 것 한 가지를 꼽으라면, 단연 균역법입니다. 왜냐하면 양반들의 반발에도 불구하고, 백성들의 힘든 삶을 불쌍히 여겨 실시한 개혁적인 정책이었기 때문이지요. 꼭 기억하세요!

영조의 균역법은 **균영법**으로 외워 볼게요. **균역법**은 **영조**!

잦은 홍수 때문에 청계천이 더러워지고 망가지자, 청계천을 정비한 왕은?

정답 : 영조

5월 24일 체크 ✓

만적의 난

무신 집권기 중 최충헌이 최고 권력자가 되었을 때, 그의 노비인 만적이 개경에서 일으킨 반란이에요. 만적과 함께 난을 일으킨 노비들은 각자의 노비 문서를 불태우고 궁궐까지 쳐들어가 노비라는 신분을 없애버릴 생각이었다고 해요. 하지만 함께했던 노비 중 한 사람이 자신의 주인에게 이 사실을 일러바치면서 만적의 난은 실패로 끝나고 말았어요.

만적이 노비들을 모아 놓고 한 이야기가 참 유명하니 꼭 기억해 두세요. "왕후장상(임금과 귀족, 장수와 재상)의 씨가 따로 있는가! 때만 잘 만나면 우리도 될 수 있다."

최충헌 고려 무신 정권 시대에 최고의 권력을 누렸던 정치가이자 무신이에요. 이후 그의 후손들에 의해 최씨 정권이 60여 년간 이어졌어요.

무신 집권기에 망이, 망소이의 난이 일어난 지역은?

정답 : 공주

영조의 청계천 정비

청계천은 조선을 세우면서 만든 인공 하천인데, 세월이 흐르면서 물이 더러워지고 홍수가 잦아졌어요. 그래서 영조가 흙과 모래를 걷어 내고, 수로를 곧바로 잡고, 제방에 돌을 쌓아 튼튼하게 하는 등의 정비를 했답니다.

영조의 업적은 한국사 시험에 정말 많이 등장해요. 청계천 정비도 자주 나오는 내용이니 꼭 기억하세요.

영평비와 마찬가지로 **영계천**으로 외우세요! **영조의 청계천** 정비 → **영계천!**

(OX 퀴즈)탕평책을 실시한 정조는 탕평비를 세웠다.

X : 영조

5월 25일 체크

삼별초

어제 배운 최충헌의 아들 최우 때 만들어진 사병 조직이에요. 원래 밤에 도둑을 잡기 위해 설치한 야별초에서 출발했는데, 이후 좌별초, 우별초로 나누어지고, 거기에 몽골에 잡혀갔다가 풀려난 사람들로 구성된 신의군이 합해져서 삼별초가 되었답니다.

비록 최우의 사병 조직으로 출발한 삼별초이지만, 한국사에서는 아주 큰 의미가 있답니다. 고려 정부가 항복한 후에도 삼별초는 강화에서 진도, 제주로 옮기며 끝까지 몽골에 대항해 싸웠기 때문이에요. 삼별초의 항쟁, 꼭 기억해 주세요.

삼별초는 말 그대로 세 개의 별초예요. 좌별초, 우별초에다가 신의군의 신의군별초. 이렇게 이해하면 잘 외워질 거예요.

왕후장상의 씨가 따로 없음을 말하며 개경에서 반란을 일으킨 인물은?

정답: 만적

영조

조선의 제21대 왕으로, 사도세자의 아버지이며 정조의 할아버지입니다. 붕당끼리 싸우는 것을 못마땅하게 여긴 영조는 정치를 안정시키고 왕권을 강화하기 위해 탕평책을 실시하고 탕평비도 세운답니다.

탕평책은 영조, 정조 모두 실시하였지만, 탕평비는 영조가 세웠다는 것을 꼭 알아 두어야 해요.

아주 간단하게 외우는 방법을 알려 줄게요. **영평비**로 기억하세요! **영조**는 **탕평비** 세움 → **영평비**!

예송 논쟁과 환국으로 어지러워진 정치를 바로잡고자 영조와 정조가 실시한 정책은?

정답: 탕평책

권문세족

권력 있는 가문, 힘 있는 집안의 사람들을 뜻하는 말로 고려 후기 원 간섭기의 지배 세력을 통틀어 말해요. 권문세족은 중앙의 대대로 높은 지위를 가진 문벌 가문인 권문과 대토지를 소유한 지방의 힘 있는 가문인 세족으로 나뉘지요.

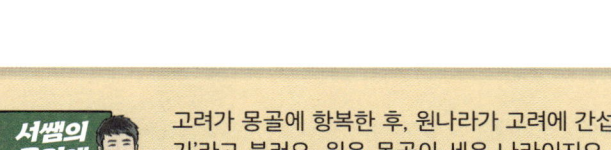

서쌤의 족집게
고려가 몽골에 항복한 후, 원나라가 고려에 간섭한 시기를 '원 간섭기'라고 불러요. 원은 몽골이 세운 나라이지요. 고려의 왕은 이 시기 원의 공주와 결혼해야 했어요. 원의 사위가 된 것이지요.

앞에서도 이야기했지만, 고려의 시기별 지배 세력, 꼭 기억하세요!
호문무권신(**호**족-**문**벌 귀족-**무**신-**권**문세족-**신**진 사대부)

몽골 침입 때 강화에서 진도, 제주로 옮기며 끝까지 항전했던 부대는?

정답 : 삼별초

8월 04일 체크

탕평책

붕당 간의 대립이 심해지자 영조와 정조가 실시한 정책으로, 어느 한 당파에 치우침이 없이 능력이 있는 인물이면 골고루 뽑아 쓴 정책이지요.

현종 때 예송 논쟁, 숙종 때 세 번의 환국으로 붕당 정치가 심해졌어요. 탕평책은 붕당 사이의 정치적 대립이 심각해지고 정치의 법도가 무너지면서 왕권이 약화되자, 왕이 정치 안정과 왕권 강화를 위하여 추진한 정책이지요.

영조와 정조 때 탕평책을 통해 붕당 간의 다툼을 조정하려 한 조선 후기 정치의 흐름을 잘 알아 두세요.

숙종 때 후궁이었던 장희빈이 왕비가 되고, 장희빈의 아들이 세자가 되면서 남인이 서인을 몰아내고 재집권한 사건은?

정답: 기사환국

5월 27일 체크

공민왕

고려 말 원의 간섭에서 벗어나기 위해 개혁적인 정책을 펼친 왕이에요. 권문세족을 처단하고 신진 사대부를 관리로 쓰는 등 여러 가지 노력을 했어요.

원나라에 맞선 공민왕 파이팅!

원의 간섭에서 벗어나 고려 스스로 나아가기 위한 반원 자주 정책을 펼친 공민왕은 한국사에서 상당히 중요해요. 대표적인 권문세족인 기철을 처단하고 신진 사대부를 관리로 뽑아 쓴 점, 꼭 기억해 두세요.

신진 사대부 고려 말에 새롭게 등장한 세력으로 성리학을 공부하고 과거를 통해 관직에 나가 개혁을 추진했어요.

권력 있는 가문을 뜻하는 말로, 고려 원 간섭기의 지배 세력은?

정답: 권문세족

8월 03일 체크

환국

조선 제19대 왕 숙종 때 일어난 세 번의 사건으로, 환국은 글자 그대로 정치적 국면이 바뀐다는 뜻이에요. 환국이 일어날 때마다 서인, 남인, 서인으로 주도권이 바뀌었답니다.

세 번의 환국 중 기사환국은 기억해 두세요. 기사환국은 1689년(숙종 15년) 희빈 장씨가 낳은 아들의 세자 책봉 문제로 남인이 서인을 몰아내고 재집권한 일이에요.

장희빈이 아들을 낳으며 **기사회생**(거의 죽을 뻔하다 살아남)한 것이 **기사환국**입니다. 장희빈과 남인의 **기사회생** → **기사환국**

예송 논쟁은 어느 왕 때 일어났나요?

정답 : 현종

5월 28일 체크 ✓

팔만대장경

몽골이 고려를 침입했을 때, 초조대장경이 불타자 다시 한 번 부처의 힘으로 적을 막기 위해 만든 대장경이에요. 현재는 경남 합천 해인사 장경판전에 보관되어 있어요.

워낙 많은 숫자의 대장경이어서 팔만대장경이라 불립니다. 다시 만들었다 해서 재조대장경, 고려를 대표하는 것이라 해서 고려대장경이라고도 한답니다.

초조대장경은 거란의 침입을 막기 위해 만들었고, 팔만대장경은 몽골의 침입을 막기 위해 만들어졌지요. 침입한 나라를 꼭 구분해서 알아 두세요.

고려 말 권문세족을 처단하고 신진 사대부를 등용한 왕은?

정답: 공민왕

예송 논쟁

예절에 관한 논쟁이란 뜻으로, 현종 때 서인과 남인 사이에 일어난 정치적 싸움이에요. 인조의 둘째 아들인 효종과 효종비가 사망했을 때, 그들의 어머니인 자의 대비가 상복을 얼마 동안 입어야 하느냐를 가지고 따지며 서인과 남인이 대립합니다.

북벌 정책을 펼치지 못하고 죽은 효종 기억하죠?

현종은 효종이 죽었을 때는 서인의 의견을, 효종비가 사망했을 때는 남인의 의견을 받아들였어요. 아무튼 예송 논쟁은 두 번 다 현종 때 일어났고, 상복을 얼마 동안 입느냐와 관련 있다는 사실을 꼭 알아 두세요.

상복 친족이 죽었을 때 추모하는 기간 동안 입는 옷을 말해요.

조선 후기 학문적, 정치적 입장이 같은 사람들이 구성한 집단을 가리키는 말은?

정답: 붕당

5월 29일 체크

『직지심체요절』

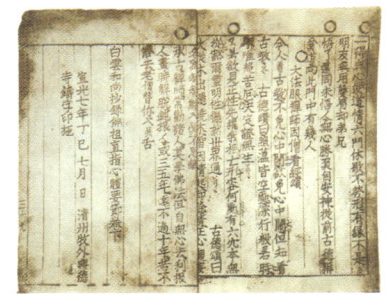

고려 시대 청주 흥덕사에서 만들어졌는데, 지금까지 발견된 세계 최초의 금속 활자로 인쇄된 책이에요. 아쉽게도 현재는 프랑스 파리 국립 도서관에 보관되어 있어요.

『무구 정광 대다라니경』은 세계에서 가장 오래된 목판 인쇄물이고, 『직지심체요절』은 세계에서 가장 오래된 금속 활자 인쇄본이에요. 구분해서 알아 두세요. 『직지심체요절』이 만들어진 곳은 청주, 현재는 프랑스 파리에 보관되어 있다는 것도 잊지 마세요!

금속 활자 금속으로 만든 활자인데, 나무로 만든 목판 인쇄보다 발전된 기술이에요.

팔만대장경은 어느 나라의 침략을 막기 위해 만들었나요?

정답 : 몽골

붕당

정치적, 학문적 입장이 같은 양반들이 모여 구성한 집단이에요. 선조 때 중심이 되었던 붕당은 동인과 서인이었는데, 동인은 이황의 사상을 따랐고, 서인은 이이를 지지했어요. 동인은 이후에 다시 북인과 남인으로 나뉘어졌고, 서인은 노론과 소론으로 갈라졌지요.

서인과 남인은 조선 후기 내내 끊임없이 서로의 주장을 내세우며 대립한답니다. 대표적인 싸움이 예송 논쟁과 환국이에요. 내일부터 자세히 알려 줄게요.

이황 조선 중기의 대학자로 호는 '퇴계'예요. 도산 서당을 세워 제자를 길러 내는 데 힘썼지요.

효종이 추진했던 북벌 정책에서 '북'은 어느 나라를 뜻하나요?

정답: 청나라

고려청자

고려 시대에 만들어진 푸른빛의 도자기예요. 처음에는 순수한 청자를 만들다가 나중에는 상감 기법을 이용한 상감청자로 발전한답니다.

사실 청자는 종류도 많고 기법도 상당히 복잡하답니다. 그래서 우리는 고려의 대표 도자기는 청자! 조선은 백자! 이것만 우선 기억해 두기로 해요.

상감 기법 무늬를 따라서 원래 흙을 파내고 다른 흙을 넣어서 자기를 굽는 기법으로, 다양한 색과 무늬를 표현할 수 있어요.

지금까지 발견된 세계에서 가장 오래된 금속 활자본은?

정답: 『직지심체요절』

8월

조선 후기 ①

경천사 10층 석탑

고려 후기 원 간섭기에 개성 경천사에서 원나라 양식으로 만들어진 탑이에요. 1907년에 일본이 석탑을 허락 없이 해체해서 가져갔었는데, 1918년에 우리나라로 돌아왔어요. 현재는 국립 중앙 박물관에 전시되어 있답니다.

경천사 10층 석탑은 현재 국립 중앙 박물관에 전시되어 있어요. 여러 복잡한 사정이 있었지만 소중한 문화재를 우리 곁에 두고 있다는 것이 참 다행이지요. 한국사 시험에 자주 나오는 내용이니 잘 알아 두세요.

고려 시대 문화재인 것, 원의 영향을 받은 것, 그리고 **조선의 원각사지 10층 석탑에 영향**을 준 점, 꼭 기억하세요!

원래 흙을 파내고 다른 흙을 넣어서 굽는 기법으로 만든 고려 시대 자기는?

정답: 상감청자

7월 **31일** 체크 ✓

나선 정벌

조선 효종 때 청나라의 요청으로 러시아를 공격한 사건이에요. 효종은 조총 부대를 보냈는데, 조선군은 러시아군과 싸워 승리하고 돌아왔지요.

북벌을 계획하며 군사력을 키우던 효종은 청나라 정벌을 실행하지 못했어요. 오히려 청의 요청으로 러시아를 정벌했지요. 이 사실을 정확히 알아 두어야 해요.

나선 러시아를 가리키는 옛말이에요.

청의 요청으로 러시아를 정벌하는데 조총 부대를 파견한 왕은?

종효 : 답정

조선 전기 ①

북벌 정책

청나라에 잡혀 있다 설욕을 다짐하며 돌아온 봉림대군은 인조가 죽은 뒤 조선 제17대 왕 효종이 됩니다. 효종은 호란의 원수를 갚기 위해 북쪽의 청을 정벌하자는 북벌 정책을 세우며 군사력을 키웁니다.

효종은 병자호란 때 청에 인질로 끌려갔던 인물이니까 청에 대한 복수심이 컸겠지요? 그래서 왕이 된 후에 바로 북벌 정책을 실시해 군사력을 키웁니다. 하지만 효종이 갑자기 죽게 되면서 실행에 옮기지는 못했지요.

설욕 부끄러움을 씻는 것을 말해요.

(OX 퀴즈) 조선의 효종은 인조의 둘째 아들이다.

O : 답정

6월 01일 체크 ✓

신흥 무인

고려 말 공민왕 때부터 새롭게 떠오른 무인들로, 최영, 이성계 등이 대표적 인물이에요. 최영은 고려 말기의 명장으로 홍건적과 왜구, 원나라 등 외적 세력을 물리치고 고려 왕실을 보호하려고 했어요. 반면 이성계도 외적을 물리친 장수였지만, 나중에 신진 사대부와 손잡고 새로운 나라 조선을 세운답니다.

고려의 시기별 지배 세력은 '호문무권신'으로 변했다는 것 기억하죠? 마지막의 '신'인 신진 사대부와 손을 잡은 세력이 바로 신흥 무인입니다. 두 세력이 함께 새 나라 조선을 세운 거예요.

신흥과 무인 신흥은 사회적 사실이나 현상이 새로 일어나는 것이고, 무인은 무관의 관직에 오른 사람을 말해요.

경천사 10층 석탑은 어느 나라의 영향을 받았나요?

정답: 원나라

7월 29일 체크

소현 세자와 봉림 대군

병자호란 후 청나라에 인질로 갔다가 돌아온 인조의 두 아들이에요. 첫째 아들 소현 세자는 청에서 돌아온 뒤 갑자기 죽고, 둘째 아들 봉림 대군이 나중에 효종이 된답니다.

서쌤의 족집게 첫째 아들 소현 세자가 아닌 둘째 아들 봉림 대군이 나중에 왕이 되어서 생긴 사건이 '예송 논쟁'입니다. 한국사 시험에 많이 등장하니 꼭 기억해 두세요.

어휘 쑥쑥 **인질** 약속 이행의 담보로 잡아 두는 사람을 말하는데, 여기서는 나라 사이에 조약 이행을 담보로 상대국에 붙잡아 두던 왕자나 그 밖의 유력한 사람을 뜻해요.

한능검 퀴즈 조선의 인조가 청 태종에게 삼전도에서 무릎을 꿇고 항복하며 마무리된 전쟁은?

정답: 병자호란

6월 02일 체크

위화도 회군

고려 말 우왕 때, 요동 정벌을 위해 떠났던 이성계의 군대가 압록강 하류에 있는 섬, 위화도에서 회군(군사를 돌이킴)하여 정변을 일으킨 사건이에요. 개경으로 돌아온 이성계는 우왕을 폐위시키고 창왕을 올렸으며 선배 무인인 최영을 죽입니다.

 조선 건국의 출발점이 되었던 사건이 위화도 회군이기 때문에 한국사 시험에 자주 나옵니다. 특히 시기순으로 배열하는 문제에 자주 등장하니, '위화도 회군-과전법 실시(경제적 기반 마련)-조선 건국'으로 기억해 주세요.

 **과전법** 신진 사대부들이 토지 개혁을 위해 실시한 법이에요. 권문세족이 차지한 땅을 거두어 들여 신진 사대부들이 다시 나누어 가졌지요.

 고려 말, 조선 초에 신흥 무인 세력과 손잡고 새로운 나라 조선을 세우는 세력은?

정답: 신진 사대부

7월 28일 체크

삼전도의 굴욕

병자호란 때 남한산성에 피신해 있던 인조가 항복하자 청 태종은 인조에게 삼전도에 나와 '삼궤구고두'라는 예를 갖출 것을 요구했어요. 삼궤구고두는 세 번 무릎 꿇고 아홉 번 머리를 조아리는 것으로, 한 나라의 왕이 이런 예를 행하는 것은 매우 굴욕적인 일이었어요.

이 항복 사건은 매우 아픈 역사예요. 우리가 이 아픈 역사를 꼭 기억해야 하는 이유는 정확히 기억해서 다시는 반복하지 말아야 하기 때문이지요.

삼전도 서울 송파구 송파동에 있던 나루로, 조선 시대에 서울과 남한산성을 이어 주던 나루였어요.

병자호란 때 인조가 피신한 곳은?

정답: 남한산성

6월 03일 체크

이성계의 4 불가론

고려 말 우왕과 최영이 요동 정벌을 명하자, 이성계가 불가능하다며 내세운 네 가지 이유예요. '작은 나라가 큰 나라를 치는 것은 안 된다', '여름철에 군사를 동원해서는 안 된다', '모든 군사가 요동으로 떠나면 남쪽의 왜가 쳐들어온다', '장마철이라 활의 아교가 녹고 군사들이 전염병에 걸릴 확률이 높다' 이렇게 네 가지예요.

이성계가 요동 정벌의 명령을 받고 바로 요동으로 향했다가 위화도에서 돌아온 것이 아니라는 사실을 알아 두세요. 4 불가론을 주장했지만 받아들여지지 않았기 때문에 어쩔 수 없이 떠난 거랍니다.

아교 짐승의 가죽, 힘줄, 뼈 등을 진하게 고아서 굳힌 끈끈한 것으로, 풀로도 쓰고 지혈제로도 써요.

위화도에서 군사를 돌려 우왕을 폐위시키고, 조선 건국을 준비한 인물은?

정답: 이성계

7월 27일 체크

병자호란

1636년(인조 14년)에 청나라가 조선을 침략한 전쟁이에요. 청은 후금이 성장하여 이름을 바꾼 나라랍니다. 청은 조선을 '신하의 나라'라고 하며, 조선에게 신하로서 예를 갖추라고 요구했어요. 조선은 이를 무시하고 청의 요구를 받아들이지 않았어요. 이에 청나라 황제 태종은 막강한 군대를 이끌고 쳐들어왔고 순식간에 한양 근처까지 이르렀어요. 인조와 신하들은 남한산성으로 피신해 45일간 버티며 싸웠지만, 결국 청의 공격을 이기지 못하고 항복하고 말았어요.

청이 조선을 침략한 병자호란 때에는 인조가 남한산성으로 피신합니다. 강화도로 가는 길을 청이 막았기 때문이죠. 그리고 임경업, 김준룡 장군 등이 청에 맞서 싸웠지만, 결국 항복하고 삼전도에서 청 태종에게 무릎을 꿇게 되지요.

정묘호란 때는 인조가 강화도로, **병자호란** 때는 남한산성으로 피신했어요. 그리고 **정묘호란** 때는 형제 관계, **병자호란** 때는 군신 관계를 맺기로 하고 전쟁을 끝냅니다.

정봉수와 이립이 활약했던 전쟁은?

정답: 정묘호란

성리학

우주 만물의 원리를 탐구하는 학문으로, 유학의 한 갈래예요. 성리학은 송나라의 주희라는 사람이 만든 학문인데, 고려의 유학자 안향이 들여왔어요. 고려 말에 중국 원나라로부터 들어온 성리학은 그 뒤 조선 시대에 불교를 대신하여 나라를 다스리는 근본 사상이 되었답니다.

조선 시대엔 성리학이 정말 중요했어요!

안향의 업적을 기리기 위해 만든 조선 최초의 서원을 기억해 두세요. 바로 주세붕이 세운 백운동 서원입니다.

서원 조선 시대 유학을 따르는 사림들이 지방에 세운 사립 학교로, 본받을 만한 옛 유학자들을 사당에 모신 뒤 제사를 지내고 학생들을 모아 유학을 가르쳤어요.

고려 말 신진 사대부의 경제적 기반을 마련하기 위해 실시한 토지 제도는?

정답: 과전법

7월 26일 체크

정묘호란

1627년(인조 5년)에 후금이 조선에 침입해 일어난 전쟁이에요. 인조는 명나라를 받들고 후금을 멀리하는 정책을 펼쳤기 때문에 이것을 문제 삼아 후금은 조선을 침략했지요. 인조는 강화도로 피신했고, 정봉수, 이립 등의 장수가 끝까지 싸웠지만, 결국 후금과 형제 관계를 맺기로 하고 전쟁이 끝납니다.

정묘호란 때 인조가 강화도로 피신했다는 사실과 정봉수, 이립 장군이 최선을 다해 싸운 점을 꼭 기억하세요. 또, 병자호란과 정묘호란을 비교할 수 있어야 해요.

후금 중국에서, 1616년에 여진의 족장 누르하치가 세운 나라예요. 1636년에 '청'으로 이름을 고치지요.

조선 시대에 일어난 두 번의 반정은?

정답: 중종반정, 인조반정

6월 05일 체크

신진 사대부

성리학을 공부하여 과거에 급제한 고려 말의 집권 세력을 말해요. 이들은 고려 안에서 개혁하자는 온건파와 새로운 나라를 열자는 급진파로 나뉘었답니다.

대표적인 온건파로는 정몽주가 있고, 급진파에는 정도전, 조준 등이 있답니다. 급진파 사대부는 이성계에게 힘을 실어 주며 조선 건국의 핵심 세력이 되었다는 사실 꼭 알아 두세요.

온건파와 급진파 온건파는 사상이나 행동 등이 과격하지 않고 온건한 무리, 급진파는 현재의 정치, 사회 등을 강하게 비판하며 급진적인 변혁을 주장하는 무리예요.

조선 최초의 서원은?

정답: 백운동 서원

인조반정

1623년 서인 세력이 광해군을 몰아내고 인조를 새로운 왕으로 추대한 사건이에요. 서인 세력은 명에 대한 의리를 내세워 후금을 멀리했는데, 이로 인해 조선은 정묘호란과 병자호란을 겪게 되었어요.

광해군을 폐위시킨 인조반정!

연산군을 폐위시키고 중종을 왕위에 올린 중종반정에 이은 두 번째 반정입니다. 조선의 왕 중 이름이 '조'나 '종'으로 끝나지 않는 두 명이 연산군과 광해군인데, 그 이유는 바로 반정으로 폐위된 왕이기 때문이에요.

추대 윗사람으로 모셔 떠받드는 것을 말해요.

광해군의 외교 정책을 한마디로 표현하면?

정답: 중립 외교

6월 06일 체크

정몽주

고려 말 대표적인 온건파 신진 사대부로, 호는 '포은'입니다. 정몽주는 이성계와 급진파 신진 사대부의 조선 건국에 반대하다가 이방원의 부하에게 살해되었다고 해요.

이방원이 정몽주를 죽이기 전에 '고려인들 어떻고 조선인들 어떠냐'는 의미의 '하여가'라는 시를 읊었더니, 정몽주가 '고려에 충성하는 마음은 변함이 없다'는 뜻의 '단심가'로 답했다는 이야기가 전해집니다.

이방원 이성계의 다섯 번째 아들이며 조선 제3대 왕 태종이 되는 사람이에요.

우리나라에 성리학을 최초로 들여온 고려의 학자는?

정답: 안향

7월 24일 체크

광해군의 중립 외교

광해군이 왕의 자리에 있을 때, 쇠퇴하고 있던 명나라와 새롭게 성장하는 후금, 두 나라 어디에도 치우치지 않는 방식으로 했던 외교를 말해요. 하지만 율곡 이이의 학풍을 이어받아 명분을 중시하는 서인 세력은 명나라를 섬기는 것을 당연하게 생각하여 이를 못마땅하게 여겼지요.

광해군이 결국 폐위되는 이유 중의 하나가 바로 중립 외교라는 사실을 꼭 알아 두세요. 명나라를 섬겨야 한다고 주장하는 서인들에게 광해군의 중립 외교와 폐모살제는 눈엣가시였겠지요.

폐모살제 '어머니를 폐하고 동생을 죽인다'는 뜻이에요. 광해군이 어머니인 인목 대비를 폐위시키고, 동생인 영창 대군을 죽게 한 사건을 말합니다.

어머니를 폐위시키고 동생을 죽여 왕위에서 내려오게 된 왕은?

정답: 광해군

이성계

위화도 회군으로 권력을 장악하고 신진 사대부와 함께 조선을 세운 왕이에요. 조선 건국 후 이성계는 수도를 개경에서 한양(지금의 서울)으로 옮긴답니다.

조선의 첫 번째 왕 태조 이성계는 나이가 많이 들어 왕위에 올랐기 때문에 왕으로 지낸 기간이 6년여밖에 되지 않아서 그리 많은 일을 하지 못했어요. 그래서 한국사 시험에서는 고려 말 장군으로서의 이성계에 관한 일들이 많이 나온답니다.

이성계와 관련된 고려 말의 일들 앞에서 배운 것 기억나지요? **위화도 회군**과 **4 불가론**, 잘 알아 두세요.

호는 포은, 대표적인 온건파 신진 사대부로 이방원의 부하에 의해 살해된 유학자는?

정답: 정몽주

7월 23일 체크

대동법

조선 시대에 각 지방에서 내야 할 공물을 토지 면적에 따라 쌀로 내게 한 세금 제도예요. 광해군 때 경기도부터 처음 실시하였고, 숙종 때에는 평안도와 함경도를 제외하고 전국적으로 실시되었어요.

공납은 지역에 따라 바치는 물품이 다른 데다 부잣집이나 가난한 집의 구분 없이 걷다 보니 백성들이 져야 할 부담이 매우 컸어요. 그래서 대동법은 백성들의 고통을 크게 덜어준 제도예요.

공물과 공납 공납은 나라가 필요로 하는 지방의 특산품을 직접 바치는 것을 뜻해요. 이때 세금으로 내는 특산물을 공물이라고 해요.

대동법을 처음 실시한 왕은?

정답: 광해군

6월 08일 체크

숭유억불

유교를 숭상하고 불교를 억누른 조선의 정책이에요. 조선은 고려가 불교를 숭상하며 생긴 해로운 사회 현상을 막고 성리학을 나라를 다스리는 근본 사상으로 삼고자 했지요. 그래서 불교를 누르기 위한 방법으로, 사원이 가지고 있던 토지와 노비를 국가 재산으로 회수하였고, 도첩제를 실시했어요.

고려는 '숭불'이었고, 조선은 '억불'입니다. 고려와 조선의 과거제도를 비교해 보면 확실히 알 수 있어요. 고려의 과거에는 승과가 있는데 무과가 없죠. 조선의 과거에는 승과가 없고 무과가 있습니다.

도첩제 승려가 출가할 때 나라에서 신분을 증명해 주던 제도인데, 나라에서 승려의 수를 제한하고 관리하려던 목적으로 실시했어요.

새 나라 조선을 세운 이성계는 수도를 개경에서 어디로 옮기나요?

양양 : 답장

7월 **22**일 체크

광해군

조선 제15대 왕으로 선조와 후궁 사이에 태어난 둘째 아들이었어요. 대동법을 최초로 실시하고 『동의보감』을 편찬했으며, 당시 힘이 약해진 명나라와 새로 나라를 세운 후금 사이의 전쟁에서 중립 외교를 펼쳤지요. 하지만 인조반정으로 왕의 자리에서 쫓겨납니다.

광해군은 최근 한국사 시험에 참 많이 등장하는 인물입니다. 대동법 실시, 『동의보감』 편찬 등의 업적을 꼭 알아 두세요.

『동의보감』 조선 시대 의학자 허준이 만든 의학 백과사전이에요. 환자를 치료하면서 경험한 의학 정보뿐 아니라 자연에서 쉽게 구할 수 있는 약재를 자세히 적어 놓았어요.

포수, 사수, 살수의 삼수병으로 구성된 조선의 수도 방위 부대는?

정답: 훈련도감

6월 09일 체크

정도전

조선 건국의 큰 공을 세운 개국공신 중의 한 명으로, 호는 '삼봉'이에요. 개국공신은 나라를 새로 세울 때 큰 공로가 있는 신하를 말해요. 정도전은 경복궁을 설계했고, 재상 중심의 정치를 꿈꿨답니다.

정도전은 대표적인 조선의 개국공신이었지만, 제1차 왕자의 난 때 이방원에 의해 살해됩니다. 강력한 왕권을 바랐던 이방원과 재상 중심의 정치를 꿈꿨던 정도전은 서로 생각이 많이 달랐지요.

정도전이 쓴 책 중에 법전인 『**조선경국전**』, 정치서인 『**경제문감**』, 불교를 비판한 『**불씨잡변**』을 알아 두세요.

(OX 퀴즈)조선의 과거제도에는 승과가 있었다.

X : 月段

7월 21일 체크

훈련도감

임진왜란 때 유성룡의 건의로 만들어진 수도를 방위하는 군대예요. 조선 전기의 중앙군은 5위였고 후기에는 5군영으로 바뀌는데, 훈련도감이 5군영 중 제일 먼저 생긴 부대랍니다.

훈련도감은 총을 쏘는 포수, 활을 쏘는 사수, 칼과 창을 쓰는 살수의 삼수병으로 구성되어 있다는 것과 월급을 받는 직업 군인이었다는 사실을 꼭 알아 두세요.

유성룡 조선 중기의 문신으로, 나라의 정책을 결정하는 우의정까지 올랐어요. 임진왜란 때 총책임관을 맡았지요.

김준룡, 임경업 등이 활약한 전쟁은?

정답: 병자호란

6월 10일 체크

『불씨잡변』

'부처 씨'가 얘기하는 잡스러운 말이라는 뜻으로, 정도전이 쓴 책의 이름이에요. 정도전은 이 책에서, 중국에서 부처를 섬기다가 화를 입은 일과 불교의 문제점 등을 적어 놓았어요. 불교를 낮추어 보고 비난하는 내용이지요.

정도전은 불교를 좋아하지 않았죠!

불씨는 우리가 보통 누군가를 부를 때 "어이 김 씨, 어이 서 씨" 하듯이 부처님을 "어이 불 씨"로 부를 때의 그 불씨에요. 그만큼 정도전이 불교를 낮추어 봤다는 얘기이죠.

정도전은 대표적인 성리학자로 숭유억불을 기본으로 했기에 불교를 싫어했다는 것을 생각하면 『불씨잡변』 쉽게 기억할 수 있을 거예요.

정도전이 쓴 법전의 이름은?

정답: 『조선경국전』

7월 20일 체크

곽재우

임진왜란 때의 의병장으로, 붉은 옷을 입고 뛰어난 전략 전술로 왜군을 물리쳤던 사람이에요. 처음에는 몇 명 되지 않던 의병대가 점점 따르는 의병이 늘어 나중에는 수천 명이 되었다고 해요. 붉은 옷 때문에 홍의장군이라는 별명으로 불렸어요.

홍의장군 곽재우!

곽재우는 임진왜란이 일어나자 경상남도 의령 지역에서 의병을 일으켰어요. 경상도에서 전라도로 넘어가는 길목인 정암진에서 왜군을 크게 무찔렀지요.

곽재우를 비롯해 조헌, 영규, 유정은 임진왜란, 나중에 배울 정봉수, 이립은 정묘호란, 임경업, 김준룡은 병자호란. 이렇게 전쟁과 활약한 장수들의 이름을 구분해서 알아 두세요.

조헌, 영규, 유정 등이 활약한 전쟁은?

정답: 임진왜란

6월 **11**일 체크 ✓

1차 왕자의 난

태조 이성계가 막내 아들 이방석에게 왕위를 물려주려 하자, 다섯 번째 아들 이방원이 불만을 품고 일으킨 난이에요. 1차 왕자의 난을 통해 이방석과 정도전이 죽게 되고, 이방원의 형인 이방과가 세자가 되지요.

이방원은 왕이 되기 전과 후로 나누어 알아 두어야 해요. 제3대 왕 태종이 된 후의 이야기는 나중에 자세히 이야기할게요.

이방과 태조 이성계의 둘째 아들로 1차 왕자의 난 이후 조선 2대 왕 정종이 되지만, 2년 후 바로 이방원에게 왕위를 물려주게 돼요.

『불씨잡변』을 쓴 인물은?

정답: 정도전

의병

외적의 침입을 물리치기 위해 백성들이 자발적으로 조직한 군대 또는 그 군대의 병사를 말해요. 임진왜란 때 수많은 의병의 활약이 있었답니다.

의병장 중 홍의장군 곽재우, 금산 칠백의총에 묻힌 조헌, 영규 그리고 전쟁이 끝난 후 왜에 포로 교환 문제를 상의하러 간 유정 등을 기억하세요.

칠백의총 옥천에서 의병을 일으킨 조헌과 함께 죽은 의병 700명의 무덤이에요. 충청남도 금산군 금성면에 있어요.

권율 장군이 왜군에 맞서 싸워 큰 승리를 거둔 전투는?

정답: 행주 대첩

6월 **12**일 체크 ✓

경복궁

조선의 법궁으로 태조 이성계가 개경에서 한양으로 수도를 옮기며 세웠어요. 법궁은 왕이 자리 잡고 사는 궁궐이지요. 경복궁의 설계는 정도전이 했고, 임진왜란 때 불탔다가 흥선 대원군 때 다시 지어졌어요.

경복궁은 조선을 대표하는 궁궐이기 때문에, 왠지 유네스코 세계문화유산으로 지정되었을 것 같지요? 아닙니다. 유네스코 세계 문화유산으로 지정된 궁궐은 바로 창덕궁이라는 것, 꼭 기억하세요.

흥선 대원군 조선 제26대 왕인 고종의 아버지예요.

1차 왕자의 난을 통해 동생 이방석과 정도전을 제거한 인물은?

정답 | 이방원

7월 **18**일 체크 ✓

권율의 행주 대첩

한산도 대첩, 진주 대첩과 함께 임진왜란 때 조선군이 크게 이긴 전투 중 하나예요. 권율 장군이 이끄는 3천 명의 군사가 행주산성에서 3만 명의 왜군을 무찔렀지요.

이 행주 대첩 전에 평양성을 빼앗겼던 조선군이 명나라와의 연합(조명 연합군)으로 평양성을 다시 빼앗아 찾은 사실이 있어요. 꼭 알아 두세요!

2순신-3시민-4조명-5권율, 일어난 순서 대로 이렇게 외워 보세요! **2순신**(옥사당한)→**3시민**(진주 대첩)→**4조명**(조명 연합군의 평양성 되찾음)→**5권율**(행주 대첩)

임진왜란 당시 진주성 싸움을 승리로 이끈 장군은?

정답: 김시민

6월 **13일** 체크 ✓

종묘

유교를 나라의 근본 이념으로 삼았던 조선에서 조상에게 제사를 드리는 일은 매우 중요했어요. 종묘는 바로 역대 조선의 왕과 왕비의 위패를 모시고 제사를 지내던 사당이에요.

종묘는 사직, 선농단과 헷갈리지 않게 구분해서 알아 두어야 해요. 그리고 하나 더! 종묘는 유네스코 세계 문화유산으로 지정되었어요.

위패와 사당 위패는 죽은 사람의 이름을 적은 나무패로 신주라고도 불려요. 사당은 조상의 위패를 모셔 놓은 집이에요.

(OX 퀴즈) 경복궁은 유네스코 세계문화유산으로 지정되었다.

X : 답정

김시민의 진주 대첩

임진왜란 당시 진주성에서 왜군을 크게 물리친 전투예요. 김시민 장군이 이끄는 3천8백 명의 군사는 2만여 명의 왜군을 물리치고 진주성을 끝까지 지켰지요. 6일간의 치열한 전투에도 끝까지 버텨 왜군은 물러갔지만, 김시민 장군은 왜군의 총격을 받고 전사했어요.

임진왜란 초기 계속 승리하던 왜군은 이순신 장군의 수군에 의해 바닷길이 막히게 되었어요. 그래서 육지를 통해 나아가기 위해 전라도로 가는 길목에 있는 진주성을 공격했어요. 하지만 이 전투에서 패배하며 왜군은 더 이상 서쪽으로 나아가지 못했지요.

이순신 장군이 크게 이긴 **옥포** 해전-**사천** 해전-**당포** 해전-**한산도** 대첩(**옥사당한**) 전투 다음에 **진주 대첩**이 일어났다는 사실을 기억해 두세요.

이순신 장군이 한산도 대첩에서 사용한 진법은?

정답: 학익진

사직

토지를 지키는 신인 '사'와 곡식을 지키는 신인 '직'을 합해 이르는 말이에요. 농경사회에서는 토지와 곡식이 매우 중요했기 때문에 그것을 지켜주는 신들에게 풍요로운 수확을 빌면서 제사를 지냈어요. 왕이 사직에게 제사를 지내던 제단을 사직단이라고 하지요.

어제 배운 종묘와 사직을 합해서 종묘사직이라 해요. 사극에서 신하들이 "전하, 종묘사직을 살펴주시옵소서!"라고 얘기하는 것을 볼 수 있지요? 바로 조상을 잘 모시고 백성을 위하라는 얘기입니다.

풍요 아주 많아서 넉넉한 것을 말해요.

조선 시대 역대 왕과 왕비의 위패를 모시던 사당은?

정답: 종묘

7월 16일 체크 ✓

학익진

학이 날개를 펼친 모양으로 적을 둘러싸서 공격하는 진법으로 이순신 장군이 한산도 대첩에서 사용한 방법이에요. 한산도 대첩은 이순신 장군이 한산도에서 크게 이긴 전투로 전쟁 초기 왜군에 밀리던 전쟁 상황을 바꾸어 놓은 매우 중요한 전투예요.

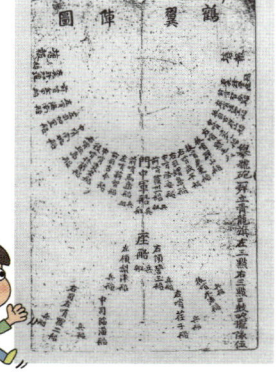

이순신 장군의 해전에서 좀 더 알아 둘 게 두 가지 있어요. 하나는 한산도 대첩에서 학익진이 사용되었다는 사실이고, 또 하나는 거북선이 최초로 사용된 해전이 사천 해전이라는 거예요.

진법 진을 치는 방법을 말하는데, 긴 뱀 모양의 장사진, 한일자 형태의 일자진 등이 있어요.

이순신 장군이 전사한 전투는?

정답: 노량 해전

6월 15일 체크

선농단

중국 농사의 신인 '신농씨'와 곡식의 신인 '후직씨'를 모시고 제사 지내는 제단을 말해요. 중국과 사대관계에 있었던 조선에서는 중국 농업의 신도 중요시했던 거예요.

사직단과 선농단, 구분해야 해요!

종묘, 사직, 선농단을 구분하는 문제가 한국사 시험에 종종 나옵니다. 특히 사직과 선농단은 둘 다 농업과 관련된 신을 모셨지만, 사직은 우리의 신, 선농단은 중국의 신이라는 것을 구분해 기억하세요.

사대관계 약자가 강자를 섬기는 관계로, 조선 시대에는 우리가 약자여서 중국을 섬겼지요.

조선 시대 토지와 곡식의 신에게 제사를 지내던 곳은?

정답: 사직단

이순신

임진왜란 때 맹활약한 조선의 장군으로 거북선을 만들고, 한산도 대첩을 승리로 이끌었어요. 그 외에도 13척의 배로 130여 척의 왜군 배를 무찌른 명량 대첩, 전사하게 된 노량 해전이 유명하지요.

임진왜란 초기 활약했던 이순신 장군은 누명을 쓰고 옥에 갇히기도 했어요. 하지만 정유재란 때 누명을 벗고 다시 총지휘관이 되어 지금의 진도 앞바다 부근인 명량에서 왜군을 무찌르고 크게 승리하는데, 이 전투가 바로 명량 대첩이에요.

이순신 장군이 활약한 전투를 시기순으로 배열하는 문제가 가끔 시험에 나옵니다. 옥사당할 뻔한 이순신을 생각하며 전쟁 초기는 **옥사당한**, 후기 정유재란 때는 **명노**로 외우세요! **옥**포 해전-**사**천 해전-**당**포 해전-**한**산도 대첩-**명**량 대첩-**노**량 해전

노량 해전, 한산도 대첩, 명량 대첩을 일어난 순서대로 배열하세요.

정답: 한산도 대첩-명량 대첩-노량 해전

6월 16일 체크

호패법

오늘날의 주민등록증과 같은 호패를 반드시 지니고 다니도록 한 법으로, 태종 이방원이 처음 실시했어요. 호패는 16세 이상의 양인 남자에게 주었고, 호패를 받은 사람은 나라에 세금을 내고, 군대를 가야 했답니다.

서쌤의 족집게 호패법을 처음 실시한 왕이 왕권 강화에 애쓴 태종 이방원인 것을 알아 두세요. 호패법을 실시하면 백성에게 세금을 걷고 군대에 보내기가 편했겠죠? 세금과 군대는 대표적인 왕권 강화 정책이지요.

어휘 쑥쑥 **양인** 조선 시대에 천민을 제외한 모든 계층인 양반, 중인, 상민을 말해요.

한능검 퀴즈 조선 시대에 중국의 토지와 곡식의 신인 신농씨, 후직씨에게 제사를 지내던 곳은?

정답: 사직단

7월 14일 체크

임진왜란과 정유재란

임진왜란은 임진년인 1592년에 명나라를 정복하겠다는 명목으로 왜군이 쳐들어와 1598년까지 7년 동안 벌인 전쟁이에요. 전쟁 중 협상을 위해 물러갔다가 정유년인 1597년에 다시 쳐들어왔는데, 이것을 정유재란이라고 합니다.

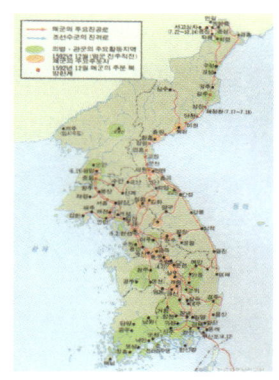

▶ 임진왜란 전황도

한산도 대첩, 진주 대첩, 행주 대첩 등은 임진왜란 초기에 있었던 전투들이고, 명량 대첩과 노량 해전은 정유재란 중 있었던 전투임을 구분해서 알아 두세요. 다시 말해 명량 대첩과 노량 해전은 거의 전쟁의 마지막에 일어난 전투이지요.

명목 어떤 일에 대한 구실이나 이유를 말해요.

임진왜란 때 경복궁을 버리고 북쪽으로 피난을 가 의주까지 간 왕은?

정답: 선조

6월 17일 체크

삼사

조선 시대 학술과 언론을 담당한 기관 세 곳을 일컫는 말이에요. 그 세 곳은 학술 기관인 홍문관, 감찰 기관인 사헌부, 간쟁 기관인 사간원이에요. 이 세 기관은 왕의 잘못을 간쟁하는 역할을 해서 왕권 견제 기능이 있었지요.

삼사는 고려에도 있었던 기관이에요. 다만 고려의 삼사는 화폐나 곡식이 들어오고 나가는 것을 관리한 회계 기구였답니다. 조선의 삼사는 언론, 고려의 삼사는 회계라는 것 구분해서 알아 두세요.

감찰과 간쟁 감찰은 단체의 규율과 구성원의 행동을 감독하여 살피는 것, 간쟁은 어른이나 임금에게 잘못된 일을 고치도록 간절히 말하는 것이에요.

조선 시대 호패법을 처음 실시한 왕은?

정답: 태종 이방원

7월 13일 체크

선조

조선 제14대 왕이에요. 초기에는 사림파들을 본격적으로 등용하며 나라를 바르게 이끌기 위해 노력했으나 외적의 침입에 대비하지 못해 임진왜란이 일어났지요. 임진왜란 때 경복궁을 버리고 의주로 피난을 가 백성을 버린 임금이라는 원망을 받았지요.

선조 때 일어난 임진왜란은 7년간이나 계속되었는데, 이 전쟁을 기준으로 조선 시대를 전, 후기로 구분합니다.

피난 재난을 피하여 멀리 옮겨 가는 것을 말해요.

『성학집요』와 『동호문답』을 쓴 조선의 유학자는?

정답: 이이

6월 18일 체크 ✓

세종

태종 이방원의 셋째 아들이자 조선의 제4대 왕이에요. 집현전을 열어 많은 학자들을 길러 냈고, '훈민정음'을 창제했으며 측우기, 해시계, 물시계와 같은 여러 과학 기구를 발명하게 하는 등 아주 많은 업적을 이루었지요.

서쌤의 족집게
세종은 한국사 시험에 너무 많이 나오다 보니 갈수록 문제가 어려워지고 있어요. 그러니 자세하게 알아 두는 게 중요합니다. 내일부터 한동안 세종의 업적을 얘기할게요.

어휘 쑥쑥
창제 전에 없던 것을 처음으로 만들거나 제정하는 것을 말해요.

한능검 퀴즈
조선 시대 언론 기관인 삼사는 사간원, 사헌부 그리고 또 무엇인가요?

홍문관 : 答정홍

7월 12일 체크

신사임당

조선 중기의 시인이자 화가로 율곡 이이의 어머니예요. 사임당은 호입니다. 아름다운 그림과 시를 많이 남겼고 훌륭한 자녀 교육으로 조선 시대 대표 여성으로 꼽히지요.

▲ 초충도

신사임당이 조선 중기의 여성이라는 사실과 풀과 벌레를 그린 '초충도'가 신사임당이 그렸을 것이라 추정하고 있다는 사실 기억해 주세요.

율곡 이이 조선 중기의 유학자로 선조에게 올리기 위해 쓴, 왕도 정치에 대한 글 『동호문답』과 유교 경전에서 뽑아 엮은 『성학집요』의 저자예요.

4대 사화 중, 중종 때 일어난 사화는?

정답: 기묘사화

6월 19일 체크

훈민정음

백성을 가르치는 올바른 소리라는 뜻으로 1443년에 세종이 만들어서 1446년에 반포한 우리나라 글자예요. 한글이라는 이름은 오랜 시간이 지난 후 20세기에 등장했어요.

훈민정음이 창제된 1443년과 반포된 1446년은 암기해 두면 좋아요. 그리고 모든 연도를 정확히 암기할 필요는 없지만, 삼국 시대 백제 멸망 660년, 고려 시대 무신정변 1170년처럼 중요한 사건들은 잘 외워 두세요.

반포 세상에 널리 퍼뜨려 모두 알게 하는 것이에요.

조선의 제4대 임금으로, 훈민정음을 창제한 왕은?

정답: 세종

기묘사화

1519년(중종 14년), 기묘년에 일어난 사화예요. 나뭇잎에 '주초위왕'이라는 글자가 새겨져 있고 그것을 벌레가 갉아 먹었다는 '주초위왕' 소문이 원인이 되어 조광조 등의 사림 세력이 몰락한 사건이에요.

'주초위왕'의 한자인 '주(走)'와 '초(肖)'를 합하면 '조(趙)'가 됩니다. 즉 주초위왕은 '조씨'가 왕이 된다는 것이지요. 조광조가 왕이 되려 한다는 얘기를 듣고 중종이 가만히 있지 않았겠지요?

어떻게 이런 **기묘한 일**이 일어났을까요? **기묘**사화는 '주초위왕' 소문 때문에, 조광조 세력이 몰락한 사건이에요!

대사헌까지 지냈으나 기묘사화 때 죽임을 당한 사림파 문신은?

조광조 :답정

6월 20일 체크

집현전

고려 말, 조선 전기의 학문 연구 기관이자 왕이 효율적인 일 처리 방법 등에 대해 물었을 때 의견을 주는 자문 기구예요. 세종 때 확대 개편되었고, 세조 때 없어집니다. 이곳에서 경연과 서연을 했지요.

세종 때 활발히 운영되었던 집현전이 세조 때 폐지되었다는 사실을 반드시 알아 두어야 합니다. 그리고 성종 때 홍문관이라는 이름으로 부활한다는 것도 중요하답니다.

경연과 서연 집현전에서 왕과 신하가 토론하는 것이 경연, 미래의 왕이 될 세자를 교육하는 것이 서연이에요.

세종 때 창제된 백성을 가르치는 올바른 소리라는 뜻의 우리 글자는?

정답: 훈민정음

7월 10일 체크

조광조

조선 중종 때 대사헌까지 지낸 사림파 문신이에요. 조광조는 중종의 신임을 받으며 왕도 정치를 펼치려 했어요. 왕도 정치란 유교적인 덕목을 갖춘 임금이 덕으로 백성들을 보살피며 나라를 다스리는 것을 뜻해요. 훈구파를 견제하려던 중종은 조광조의 의견을 받아들여 여러 개혁 정책을 펼쳤어요. 하지만, 훈구파의 반발과 기묘사화로 결국 조광조는 죽게 됩니다.

서쌤의 콕집게 조광조는 한국사 시험에 정말 자주 등장하는 인물입니다. 특히 초반엔 중종의 신임을 얻었다가 기묘사화로 죽임을 당하는 사실을 잘 알아 두어야 합니다.

어휘 쑥쑥 **대사헌** 왕과 신하의 권력을 감시하는 기관인 사헌부의 최고 등급 관리예요.

한능검 퀴즈 연산군이 친어머니 폐비 윤씨의 죽음과 관련된 사람들을 모두 처벌한 사건은?

정답: 갑자사화

6월 21일 체크

홍문관

조선 9대 왕인 성종은 홍문관을 만들어 세조 때 폐지되었던 집현전의 학문 연구 기능을 담당하게 했어요. 그리고 그에 더해 언론 기관의 역할을 하게 했는데, 주로 왕이 추진하려고 하는 일에 관련된 사례를 찾아 연구하고 조사해 의견을 냈다고 해요. 홍문관의 최고 우두머리 관리 이름은 대제학이에요.

조선의 중앙 기구들의 최고 관리 이름이 자주 한국사 시험에 나옵니다. 집현전과 홍문관의 최고 관리는 대제학, 조선의 국립 교육 기관인 성균관의 최고 관리는 대사성이에요.

대제학과 대사성이 헷갈릴 수 있으니 구분해서 알아 두세요. 집현전, 홍문관이니까 대제학이고(ㅎ ㅎ ㅎ), 성균관이니까 대사성이에요!

세종 때 활발히 운영되었던 학문 연구 기관으로 세조 때 폐지된 것은?

정답: 집현전

7월 **09일** 체크 ✓

갑자사화

1504년(연산군 10년), 갑자년에 연산군이 자신의 친어머니인 폐비 윤씨가 사약을 받고 죽은 사건과 관련된 인물들을 한꺼번에 처벌한 사건이에요.

갑자사화는 사화이지만 사림파뿐 아니라 훈구파 신하들도 처벌되었어요. 연산군의 분노가 하늘 높이 치솟아서 훈구파든 사림파든 어머니를 죽게 만든 사건과 관련 있는 모든 신하를 죽인 것이지요.

갑자사화는 연산군이 '어머니의 원수를 갚자'고 해서 일으킨 사화이니 이렇게 기억하세요! 어머니의 원수를 **갚자**→**갑자**사화

무오사화와 갑자사화는 어느 왕 때 일어났나요?

정답: 연산군

6월 22일 체크

『삼강행실도』

세종의 명으로 충신, 효자, 열녀의 행실을 모아 그림과 함께 만든 책이에요. 삼강이란, 중국 한나라 유학자가 말한 세가지 덕목을 뜻해요. 이 세가지 덕목은, 신하는 임금에게 충성하고 자식은 어버이에게 효도하며 아내는 남편을 사랑하고 존중하라는 것이었어요.『삼강행실도』는 백성들에게 이 삼강을 가르칠 목적으로 만들었어요.

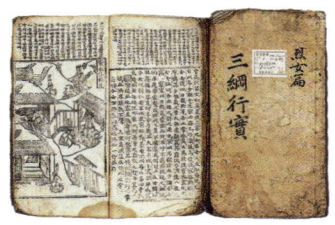

세종 때 만들어진 책들을 기억해 두어야 합니다.『삼강행실도』,『농사직설』,『칠정산』,『의방유취』,『향약집성방』 등이 한국사 시험에 자주 나온답니다.

열녀 절개가 굳은 여자를 말하는데, 조선 시대에는 남편을 극진히 섬긴 나머지 죽은 남편을 따라 스스로 목숨을 끊은 부인 등을 이렇게 불렀어요.

집현전과 홍문관의 최고 관리 이름은?

정답: 대제학

연산군

성종의 맏아들이며 조선 제10대 왕이에요. 반정으로 폐위되는 바람에 임금이 죽은 뒤에 생전의 공을 기리어 붙인 이름인 '조'나 '종'을 받지 못했답니다.

연산군 때에는 사화가 두 번 일어났다는 것, 그리고 순서대로 무오사화, 갑자사화라는 것을 기억하세요.

반정 옳지 못한 임금을 폐위시키고 새 임금을 세워 나라를 바로 잡는 것을 말해요.

세조 때 폐지된 집현전을 홍문관으로 부활시킨 왕은?

옳을 유: 允

6월 23일 체크

『농사직설』

세종 때 만들어진 농사에 관한 일을 적어 놓은 책이에요. 우리나라의 풍토에 맞는 농사법을 모아 편찬했는데, 나이 많은 농사꾼들의 경험과 지식을 책에 고스란히 모아 놓아서 조선의 농사 발전에 크게 기여했어요.

『농사직설』이 중요한 이유는 우리나라 실제 사정에 맞는 농사법들이 소개되어 있다는 거예요. 이전에는 중국에서 들여온 농사법 책만 있어서 큰 도움이 되지 않았거든요. 다만 한자로 되어 있어서 한문을 모르는 농민들이 읽기에는 불편했답니다.

편찬 여러 가지 자료를 모아 체계적으로 정리하여 책을 만드는 것을 말해요.

세종 때 만들어진 책으로 충신, 효자, 열녀의 이야기가 그림과 함께 실려 있는 것은?

『三綱行實圖』: 답장

7월 07일 체크 ✓

성종

조선 제9대 왕으로 연산군과 중종의 아버지예요. 성종은 『경국대전』을 완성시켰고, 세조 때 폐지되었던 집현전을 홍문관으로 부활시켰어요.

고려 성종도 그렇고 이름에 '성'자가 들어가는 왕은 업적이 참 많고 중요하답니다.

『경국대전』 복습해 볼게요. 『경국대전』은 **조선의 기본 법전**이고, **세조** 때 만들기 시작해서 **성종** 때 완성했어요.

훈구파에 의해 사림파가 화를 입은 사건은?

정답: 사화

『칠정산』

세종 때 만들어진 우리나라 실제 상황에 맞는 역법서, 즉 달력이에요. 세종은 천문 관측 기구를 만들고 연구도 지원해 꼼꼼하게 하늘을 관측하게 하여 예전보다 더 정확하게 절기와 계절의 변화를 예측할 수 있게 했지요.

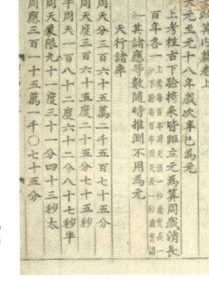

『농사직설』과 마찬가지로 『칠정산』도 중국의 북경이 아닌 조선의 한양을 중심으로 한 우리나라에 맞는 역법서라는 것이 중요합니다. 세종은 이렇게 최초로 시도한 것이 많은 왕이어서 대왕이라 불리지요.

역법 해·달·수성·목성·금성·화성·토성을 비롯한 여러 별들의 위치를 살펴서 세시(한 해의 절기, 달, 때)를 정하는 방법을 말해요.

세종 때 만들어진 책으로, 우리 실정에 맞는 농사법들이 소개되어 있는 것은?

『농사직설』: 답정

7월 06일 체크

사화

조선 중기 권력을 먼저 잡고 있었던 훈구파의 공격에 의해 사림파의 많은 사람들이 죽임을 당하거나 유배를 받은 사건을 말해요. 큰 힘과 재물을 가진 훈구파가 여러 비리를 저지르자 주로 삼사의 관리였던 사림파들은 훈구파를 비판합니다. 훈구파는 어떻게든 사림파를 몰아내려 했고, 결국 연산군 때 무오사화가 일어나지요. 무오사화는 세조가 단종을 폐위시키고 왕위에 오른 것을 비꼬는 글을 사림파가 썼다는 것을 문제 삼아 많은 사림파 대신들을 죽이거나 유배를 보낸 사건이지요.

 연산군 때 일어난 무오사화, 갑자사화와 중종 때 일어난 기묘사화, 명종 때 일어난 을사사화의 순서를 기억하세요.

 원래는 내용까지 알아야 하지만, 오늘은 일단 순서만 외워 보세요! 앞 글자만 따서 **무갑기을**(**무**오사화, **갑**자사화, **기**묘사화, **을**사사화)로 기억하세요.

 산림에서 유학을 공부한 사람들의 모임이라는 뜻으로 조선 초기 훈구파와 대립한 집단은?

정답 : 사림파

『향약집성방』

세종 때 편찬된 의학서이자 약학서예요. '향약'이란 우리나라 땅에서 나는 약재라는 뜻이고, '집성방'은 향약을 재료로 한 치료법을 모두 모아 편찬하였다는 뜻이라고 해요. 조선의 기후와 땅의 상태에 맞는 약재와 치료법 등이 소개되어 있어요.

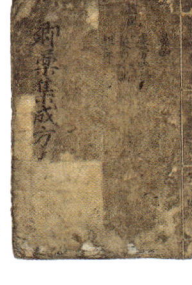

세종 때 만들어진 책이 참 많지요? 그런데 고려에도 의학서가 있었어요. 바로 『향약구급방』이라는 책이에요. 『향약집성방』과 이름이 비슷해서 헷갈릴 수 있으니 잘 구분해서 기억하세요!

고려니까 'ㄱ' 들어간, 향약**구**급방! 조선이니까 'ㅈ' 들어간, 향약**집**성방!

세종 때 만들어진 한양 중심의 역법서는?

『칠정산』: 답정칠

7월 05일

사림파

조선 건국에 참여하지 않고 산림에 들어가 학문 연구에만 몰두한 온건파 사대부를 뜻해요. 조선 초기에 훈구파와 대립했는데, 훈구파의 공격에 의해 여러 차례 큰 피해를 입었어요. 하지만, 15세기 중반 이후에는 권력을 잡게 되지요.

훈구파가 정권을 잡고 오랜 시간 조정을 쥐락펴락하자, 성종은 사림파 신하들을 많이 등용합니다. 그러자 정권을 잡고 있던 세력인 훈구파와 새로운 주도 세력인 사림파 간의 갈등이 커지죠. 그래서 일어난 사건이 바로 사화입니다.

쥐락펴락하다 남을 자기 손아귀에 넣고 마음대로 부리는 것을 말해요.

조선 건국에 공을 세운 급진파 사대부와 세조의 계유정난 때 공을 세운 계파는?

정답 : 훈구파

앙부일구와 자격루

세종이 장영실에게 명하여 만들어진 시계로, 앙부일구는 해시계, 자격루는 물시계랍니다. 특히, 자격루는 때가 되면 저절로 시각을 알려 주는 자동 물시계예요.

세종은 다양한 업적이 있는 왕이라 한국사 시험에서는 상당히 중요하면서도 어려운 왕이에요. 과학 분야에서도 엄청난 일들을 많이 해냈는데, 특히 해시계, 물시계를 만든 것과 비의 양을 측정하는 기구인 측우기를 개발한 것을 꼭 기억하세요.

장영실 조선 시대 최고의 과학자로, 물시계와 해시계 외에 측우기와 수표를 발명하여 하천의 범람을 미리 알 수 있게 했어요.

『향약구급방』은 어느 시대 약학서인가요?

정답: 고려

훈구파

조선 건국과 조선 초기의 정변에서 공을 세워 높은 벼슬을 해 오던 관료층으로, 조선 건국에 공을 세운 급진파 사대부와 세조의 계유정난 때 공을 세운 신하들을 말해요.

왕은 공을 세운 신하에게 상을 주었지요!

조선 초기에는 훈구파가 정권을 잡고 성장하지만 성종 때부터 사림파가 서서히 정계로 진출하면서 두 세력 간의 다툼이 본격화됩니다.

훈구 대대로 나라나 군주를 위하여 드러나게 세운 공로가 있는 집안이나 신하를 말해요.

조선의 제15대 왕은 누구인가요?

정답: 광해군

6월 27일 체크

계유정난

1453년 계유년에 세종의 둘째 아들 수양대군(세조)이 단종을 몰아내고 왕이 된 사건이에요. 세종의 큰아들 문종이 일찍 죽고, 문종의 아들 단종이 열두 살에 왕이 되었어요. 단종이 너무 어린 나이에 왕이 되었기에 김종서, 황보인 같은 신하들이 나라의 중요한 일을 결정했지요. 삼촌인 수양대군은 이것에 불만을 품고 조카 단종을 몰아내고 왕위에 올랐어요. 이때 단종을 따르는 세력인 김종서, 황보인 등의 신하들이 죽임을 당합니다.

세조가 왕위에 오르자 대의 명분을 중시하던 신하들 사이에는 단종을 다시 왕으로 되돌리자는 운동이 일어났어요. 이 일을 들켜 죽은 여섯 사람을 '사육신'이라고 하고, 죽지는 않았지만 단종에 대한 충성심으로 세조와 손을 잡지 않은 사람들을 '생육신'이라고 해요.

수양대군은 **계유정난**을 통해 조선 제7대 왕 **세조**가 됩니다. 한국사에서 참 드문 일이라 아주 중요하니 꼭 알아 두세요.

세종 때 만들어진 물시계의 이름은?

정답 : 자격루

7월 03일 체크

조선 시대 왕의 순서

한국사에서 가장 중요하게 생각하는 시대가 조선이에요. 그러니 태조 이성계부터 순종 황제까지 27명 왕의 순서를 알아 두는 게 좋아요.
태정태세문단세 예성연중인명선 광인효현숙경영 정순헌철고순!

조선 왕 27명 중 1대 태조, 7대 세조, 14대 선조, 16대 인조, 21대 영조, 22대 정조, 23대 순조는 '조', 나머지는 다 '종'이 붙고, 10대 연산군과 15대 광해군은 '군'이 붙는다는 것, 기억하세요!

조선 시대 왕은 일곱 명씩 세 번, 마지막은 여섯 명! 그래서 딱 27명이에요. **태정태세문단세 예성연중인명선 광인효현숙경영 정순헌철고순!**

고려 시대의 백정은 어떤 신분이었나요?

정답: 양인 중 농민 계층

『경국대전』

조선 시대 나라를 다스리는 데 기준이 된 기본 법전으로, 조선의 정치, 경제, 사회 등 모든 분야에서 기본 규범을 정리한 책이지요. 『경국대전』은 대법전이기 때문에, 편찬 시간이 오래 걸렸어요. 세조 때 시작해서 성종 때 완성되지요.

정도전이 만든 사찬 법전인 『조선경국전』과 달리 관찬 법전이며 조선의 기본 법전인 것을 꼭 알아 두세요.

사찬과 관찬 사찬은 개인이 편찬한 것이고 관찬은 관청에서 서적을 편찬한 것을 말해요.

계유정난으로 조카 단종을 몰아내고 왕위에 오른 사람은?

정답: 수양대군(세조)

7월 02일 체크

백정

조선 시대에 도축업에 종사하는 사람들을 일컫는 말로 가장 낮은 계급인 천민에 속했어요. 하지만 고려 시대에는 백정이 양인이었지요.

단어는 같지만, 고려의 백정은 양인 중 주로 농민을 말하고, 조선의 백정은 천민인 도축업자를 일컫는다는 사실을 꼭 알아 두어야 합니다.

도축업 고기를 얻기 위해 가축을 잡는 직업이에요.

(OX 퀴즈) 조선의 과거에는 무과가 없다.

X : 답정

6월 29일 체크

수령과 향리

수령은 조선 시대 중앙에서 지방에 파견한 관리 즉, 지방관이에요. 그리고 향리는 지방 관청에 속해 행정을 담당했던 하급 관리를 말하지요. 사극에 나오는 사또가 수령, 이방이 향리이지요.

고려 시대에는 모든 지방에 지방관이 파견되지 않았기 때문에, 향리의 권한이 상대적으로 컸는데 조선 시대에는 모든 지방에 지방관이 파견되었기 때문에 향리의 권한이 약화되었다는 사실, 꼭 기억하세요.

이방 이·호·예·병·형·공으로 이루어진 6방 체제로 운영되는 지방 관청에서 6방 향리들을 대표하는 관리를 말해요.

성종 때 완성된 조선의 기본 법전은?

정답: 「경국대전」

7월 01일 체크

양반

양반은 문반(문신)과 무반(무신)을 합해서 부르는 말로, 나라의 관청에서 일하는 높은 관리라는 뜻이었지만, 나중에는 지배층 모두를 가리키는 말로 쓰였어요. 조선 시대 신분제는 양인과 천민으로 나뉘는 양천제였고, 양인이 또 양반, 중인, 상민으로 나뉘었어요.

고려 시대에는 무신들이 차별을 받아 난까지 일으킨 것 기억하시죠? 하지만 조선 시대에는 고려 시대보다 무신의 위치나 대우가 나아집니다.

조선 시대 무신의 위치가 나아짐에 따라 고려의 과거에는 무과가 없고, 조선의 과거에는 무과가 있다는 사실, 꼭 알아 두세요!

조선 시대 수령을 보좌하고 향리를 감찰하는 역할을 했던 지방 자치 기구는?

정답: 유향소

유향소

조선 초기 나쁜 향리를 통제하고 지방의 풍속을 바로잡기 위해 지방의 유력자들이 조직한 자치 기구예요. 고을을 다스리는 수령을 보좌하는 역할을 했지만, 수령이 잘못을 저지르면 이를 지적해 수령의 권리를 견제하기도 했어요. 중앙집권을 추진하던 조선의 정책과는 맞지 않아 유향소의 세력을 약화시키려 했지요. 태종과 세조 때는 폐지되기도 합니다.

유향소는 왕권 강화가 최대 목표인 태종과 세조 때는 폐지되었다는 사실이 아주 중요합니다. 지방에 있는 유력자들의 힘이 강해지면 왕권에는 도움이 안 되겠죠?

유력자 세력이나 재산이 있는 사람을 말해요.

(OX 퀴즈)고려 시대에는 모든 지방에 지방관이 파견되었다.

X : 답정

조선 전기 ❷